现代法治社会民间法的功能与适用

卓轶群 ◎ 著

贵州大学出版社
Guizhou University Press
· 贵 阳 ·

图书在版编目（CIP）数据

现代法治社会民间法的功能与适用 / 卓轶群著. --
贵阳 : 贵州大学出版社, 2024.5
ISBN 978-7-5691-0892-7

Ⅰ. ①现… Ⅱ. ①卓… Ⅲ. ①习惯法—中国 Ⅳ.
①D920.4

中国国家版本馆CIP数据核字(2024)第101717号

现代法治社会民间法的功能与适用

著　　者：卓轶群

出 版 人：闵　军
责任编辑：杨小娟
装帧设计：陈　艺　方国进

出版发行：贵州大学出版社有限责任公司
地址：贵阳市花溪区贵州大学东校区出版大楼
邮编：550025　电话：0851-88291180
印　　刷：贵州思捷华彩印刷有限公司
开　　本：889毫米×1194毫米　1/32
印　　张：4.625
字　　数：81千字
版　　次：2024年5月第1版
印　　次：2024年5月第1次印刷

书　　号：ISBN 978-7-5691-0892-7
定　　价：20.00元

序

制度源于实践，实践促成发展。2021 年第七次全国人口普查显示，我国少数民族人口为 12547 万人，[①] 共建立 155 个民族自治地方，这些地区约占中国国土面积的 64%。于理，由于少数民族人口递增、少数民族聚居地区的面积辽阔，民族地区对国家的重要性日益凸显。于情，民族是国情的重要组成部分，因此“要深入践行守望相助理念，深化民族团结进步教育，铸牢中华民族共同体意识，促进各民族像石榴籽一样紧紧抱在一起，共同守卫祖国边疆、共同创造美好生活”[②]，民族地区的团结性具有深远的意义。西部地域辽阔，民族众多，其法治的发展也任重而道远。

---

① 国家统计局：《第七次全国人口普查主要数据情况》，https://www.gov.cn/xinwen/2021-05/11/content_5605760.htm。

② 《习近平在参加内蒙古代表团审议时强调　扎实推动经济高质量发展　扎实推进脱贫攻坚》，《人民日报》2018 年 3 月 6 日，第 1 版。

理念难得，执行亦重，中国西部现正处于大开发的加速发展阶段，随着改革开放的发展和深入，随着制度的纵深推进，开发的步伐不仅仅落足于城市，广泛调整的视野也深入到了乡村。但与东部发达地区的工商格局相比，西部有着更为复杂的传统。于事的方面，西部，尤其是西部的乡村中保有着多重规则，在这块约占全国国土面积72%的土地上，多是少数民族聚居的乡土社会，是以，西部地区留存着源远流长的民族习俗，繁复的约定俗成，丰富的乡规民约，等等。于人的方面，族群的复杂性，使得西部纷繁的社区中，汇集了多元的观念和行为。人与事的交错，为现代法治在西部的发展提出了问题，同时也积累了经验。而今，法治现代化已成为时代要求，改善西部经济环境的热切期望使得大力推行统一的法治的呼声显得更加急切。

在西部践行法治是必要同时也是必然，问题是清晰的，但局面却是复杂的。西部大开发，从直接意义上看，是为了遏制和逐步缩小地区发展差距，实现区域经济协调和社会公平的目标；从长远效果上看，逐步缩小各地区之间的发展差距，最终达到各地区经济普遍繁荣和全体人民共同富裕的目的，这既是中国特色社会主义的本质要求，亦是国家经济协调发展的内在需要。西部大开发是呼唤也是回应，然则，发展经济对社会而言是牵一发而动全身的工程，其间法治不可或缺是毋庸置疑的，既需要由上而下的法律体系的规范性，也需要由下而上的法律实践的规范性，无疑，西部的特点加深了这种多元化的复杂性。

传统与现代、习俗与法律，让法治在西部这个古老而又现代的地区有了新的经验。尽管我们的法治发展有大量的法律继承和法律移植的经验，但是因为中国的西部有诸多既往发展中所没有碰到过的“具体情况”“具体问题”，并且这些特殊的问题一般化地展现于西部，因此，法治在西部展开的过程中必然要面对一些“新的情况”和“新的问题”。西部聚集着较偏远的乡村、相互熟识的族群，他们因一定的地缘和血缘已然建成了一套多元的规则体系，使得法治的运行需要调动更多的、新的认知，不能只从单一的方面来看待这个问题，也难以只通过单一的手段就可达成。所以说，西部大开发所促进的法治与民间法的深度接触，可能会是一个契机，为中国的法治发展提供更多的切地经验。经验虽是特殊的，但都是很值得关注的，毕竟在这片土地占全国国土面积一半以上，人口占全国27%的西部，其经济和秩序的发展牵动着中国整体发展的心弦。

抚今追昔，皆为来路，理论与实践须再思量。法治进入西部这个场域，在制度上，被赋予了规则、传统、习俗等多重含义；在功能上，要实现中央、地方的共同愿望。这注定是一个复杂的、多元的、众口难调的治理工程。正是由于主体多方、动因多重，所以法治在西部的表现是杂而多的，问题也是明确的。既然这是一个明确且具体的问题，那么就要从具体的实践出发。为了实现不断言、不妄议，力争“材料之内使他发见无遗，材料之外我们一点也不越过去说”[①]，本书考察了西部典型的民间法汇集的乡土村落，立足于实地来描述法治在西部的真实走向，切地分析多族群地区的秩序是如何维持的，国家统一法治是如何在多族群聚居的乡土社会中实施的，民间法于现代法治而言有着什么样的功能，并对民间法的应然发展做出展望。

① 傅斯年：《史学方法导论》，朱渊清导读，上海古籍出版社，2011，第142页。

目 录

第一章　法治：统一建设的必然要求

第一节　法治概说

“法治是法律史上的一个经典概念，也是当代中国重新焕发的一个法律理想。作为经典概念，法治蕴涵隽永，然幽昧经年，即便在标榜法治传统的西方亦不曾有过一个公认的定义。作为法律理想，法治为制度注入锻骨强魄的理性，为学术提供激浊扬清的活力，然又因承载过多的政治意愿和社会情感而臃杂不纯，以致时常被曲解。因此，当我们高扬法治旗帜的时候，不妨平心静气地问一问：法治究竟是什么？这样，或许有助于准确把握当前我国朝向法治的各种努力的历史与逻辑定位以及所处语境的特殊性，从而使我们的法治理论和实践皆有一个良好的起步。”[①]

一、西方法治发展的流变

（一）历史发展路线

现代意义上的法治是现代民主政治的产物，但是法治思想早在古希腊时期便已出现了。古希腊思想家柏拉图（Plato，公元前427年—前347年）在其著作《法律篇》中初次表述了法治思想，其弟子亚里士多德（Aristotle，公元前384年—前322年）在《政治学》一书中对法治的含义更是做出了明确的表述：“法治应包含两重意义：已成立的法律获得普遍的服从，而大家所服从的法律又应该本身是制定得良好的法律。”[②]这段话已经成为对法治的经典叙述，从逻辑上大致勾画出法治的形式要件。当然，亚里士多德的表述只能是与奴隶制范畴内的民主相适应的法治，而且亚氏并“没有、也不可能说明究竟何谓‘普遍的服从’、何谓‘制定得良

① 夏勇：《法治是什么——渊源、规诫与价值》，《中国社会科学》1999年第4期。

② 亚里士多德：《政治学》，吴寿彭译，商务印书馆，1983，第199页。

好’。这要由生活于具体的社会场合和文化背景下的人们通过他们的信念、制度和活动来赋予涵义”[①]，但是，它们却在思想和传统上为后来所有类型的西方法治奠定了理论基础。

进入中世纪以后，“理性的思想和法治精神被笼罩在宗教的帷幕下，但帷幕再厚也不能完全遮掩住传统的光彩。不管变换什么形式，使用什么语言，法律是神圣的、权威的、不可侵犯的，这一思想像格言一样在历史和大众中流传”[②]。即使是中世纪的神学家们也依然承认存在着一种具有最高权威，应当普遍服从的永恒法，只是由于时代的原因，法律的权威在当时是借助上帝这一抽象的神的名誉来树立的。但即便是视哲学为神学的婢女的中世纪，权威的神学家托马斯·阿奎那仍然将法做出了永恒法、自然法、人法和神法的分类，为法治的哲学探索留下了一席之地。

中世纪后期以来，随着生产力水平的提高，以及资本主义生产关系产生并开始发展，资产阶级利益的代言人逐

① 夏恿：《法治是什么——渊源、规诫与价值》，《中国社会科学》1999 年第 4 期。

② 张中秋：《中西法律文化比较研究》，南京大学出版社，1999，第 302 页。

渐继承并发展了他们的古代文明，尤其是其中构成现代文明之基础的自然、理性、法治等思想。他们在猛烈批判封建、神学政治法律思想的同时，建立起符合资产阶级自身利益的政治法律学说体系。滥觞于古希腊的法治思想也进入了近现代视野，中世纪法律权威的至上性与法律效力的普遍性，通过超越现实政治权力结构的神意和自然正义理念，以及平等、自由、权利和民主等价值观，得到了充分的体现或论证。

理性主义思潮下的法治理论与资产阶级革命以及革命后至今的资产阶级法治实践紧密结合，互相促进，共同发展。其法治理论日益缜密，法治思想日渐深入人心，法治最终超越了地域与意识形态的限制，成为一种法律理想。与现代民主政治紧密相连的现代意义上的法治，其含义渐趋明确，包含了以下几点：

（1）法律权威的至上性。

（2）法律效力的普遍性。

（3）法律意志的普遍性，即法律是全体人民的共同意志的体现，而不是少数人意志的反映。

（4）法律的基础性。

（5）法治之手与目的的统一性，即法治不仅意味着在众多的调控手段中，选择了法律作为调控国家与社会的方式，更重要的是，法治还是目的，是他们所要达到的一种状态。

（二）西方法治发展的特征

法治的生成和发展演变，需要依赖一定的条件。概括地说，对于西方，法治发展的条件包括历史机遇，商品经济的发展和牵引，源远流长的社会契约论和自然法思想，最后是资产阶级走上历史舞台。

从历史上看，法治源于古希腊城邦政治。当代史学已证明，城邦政治只是人类文明史的例外，它本身与其他文明一样，脱胎于氏族公社解体的“神授王权”政体，并在某种特殊情况下发生突变的结果，而非直接渊源于氏族公社的民主制度。[①] 引起远古希腊“神授王权”政体演变成城邦政治的突发事件就是多里安人对克里特 - 迈锡尼文明的入侵，此后，希腊人进入迈锡尼文明的中心地带并逐渐扩散，

① 顾准：《希腊城邦制度》，中国社会科学出版社，1982，第22—23页。

为古希腊城邦政治的孕育提供了地缘条件。[①]

在西方，早在雅典民主制建立以前，严格意义上的血缘宗法制度就已经随着农业、手工业、商业和航海业的分工与发展，以及贫富不均、阶级分化和城邦制国家的形成而趋于瓦解。因此，在早期，西方从来没有产生过像中国古代那样严密的、大一统体制下的伦常观念，而是较多地把犯罪置于现实的社会危害性的因素上。

在西方的古代和中世纪，也是自然经济占主要地位，因此，诸法合体、民刑不分的现象也较普遍存在。但鉴于不同的地理位置和贸易交流方式，西方的商业和航海业发展较早，民商事法律关系的意识在古希腊时期就萌芽了。长于演绎分析和逻辑归类的西方思想，根据法律的不同性质和表现形式，曾经多次将法律划分为更明细的类别。

自古希腊被外来文明入侵，西方的商品经济也就随之发展起来。商品经济使法律的数量、本质和内容方面都发

① 黄洋：《迈锡尼文明、“黑暗时代”与希腊城邦的兴起》，《世界历史》2010 年第 3 期。

生了巨大的变化。[①] 商品经济与社会分工相联系的经济活动，涉及广泛的关系和利益，要求有共同遵守的既定规则，以保障商品交换活动有秩序和有成效地进行；同时，对于复杂的大规模商品经济活动必然引起的交叉利益冲突以及对交换过程中必然产生的种种纠纷，也需要用法律的权威形式予以解决。在商品交换还只是偶然的、个别的或者还不是经常性的行为的地方，人们交换实践中自发形成的习惯就可以起到调整利益冲突和排解纠纷的作用。但当交换成为人们的生产目的和职业，并且是在大规模的市场上与众多的陌生人进行时，就只有设立专门的权威机构来制定适用的法律规则，才能满足商品生产和商品交换对规则的需要。西方法律的进化亦为之作证：商品生产越是发达，交换的规模越大，频率越高，涉及的关系和利益越广泛复杂，法律的数量就越多，覆盖面就越广。就是如此，商品经济除了以其复杂的形式要求法律规则的保护，引起法律职能的转变外，它还以自身的原则和精神影响和塑造着新的法律形象，使建立在商品经济中的自由平等品格，其调整商

① 田成有、陈令化：《法治现代化的启动与传统法文化的创造性转化》，《现代法学》1998 年第 6 期。

品经济关系为主要内容的私法，构成了现代西方法治的基础。

尽管西方的经济发展特点对法有着功能性需求，但“法治”的内涵在学界也并非只有一种解读。发迹于亚里士多德理论的自然法学派虽于世数次盛衰，然则无论哪一时期的经典自然法学说都有三个共同的特点：（1）自然法是不变的和普适的，适用于一切时间和一切人；（2）借助理性，自然法是可认识的；（3）自然法不仅是实证法的标准，而且当实证法与之相悖时（或是法律不公正时），可以取而代之。[①] 自然法理论的要点在于，实证法之上有着“上位律令”，即自然法，唯有自然法方得展现和解释何为公正，实证法只是自然法的部分影印，人凭借理性努力让实证法还原或靠近自然法的上位律令，方可获取正义之本义，自然法是实证法的评判标准。从自然法的理论中可以看出，即使人制定出法律，但此法律本身仍有评判标准，法是什么是由法应该是什么来决定的，只有当法符合正义时才具备法之德行，反之则为“恶法”，恶法非法也。

与自然法学派持不同观点的另一主要学派是实证主义

---

① 阿图尔·考夫曼、温弗里德·哈斯默尔主编《当代法哲学和法律理论导论》，郑永流译，法律出版社，2002，第 56 页。

学派。实证主义学派认为，自然法学派中的“上位律令”过于抽象，使其含义含糊不明，包括合理的目的论思想是不可靠的，势必导致实证法的适用标准不一，进而严重影响法的安定性，打击法的规范性功能。因此，实证法学者认为，法的研究范围不能以抽象的标准为判断依据，应当将法限定于实然法范畴，应然法和道德则是伦理学的研究对象。借此，实证主义法学脱离了形而上学，使法律研究步入世俗化。在实证法的思想下，只有法律本身能够评价法律，法再无所谓善恶之分，在这种背景下，西方世界的法学研究发生了方向性转变。

伴随着法学思想的演变，西方法治观念的流变也是实践性的。自然法学派盛行时期之后，欧洲诞生了《法国民法典》等多部对世界有着巨大影响力的法典，并促生了新的法系。在实证主义法学派崛起的时期，法学研究越来越强调对法律方法以及法律本身的研究。然而它们也并不是东风压倒西风或西风压倒东风的单方率领关系，在不同的历史阶段，不同的历史事件影响下，法治的观念持续博弈。西方较为明确的商品化发展尚且使法治的观念具有多样性，东方更为长久的历史造就的多重文化，更是让法治观念错综复杂。

二、法治在中国的走向

中国是世界文明古国中唯一一个没有中断历史的国家，这和中国由古至今所形成的庞大的多民族社会的维系机制紧密相关。中国这样庞大的政治实体，既有地区差异又有文化差异，还经历过多次兴衰，却能始终固守，那么它是靠什么维系着人民共同的想象的呢？中国有着自己的回答。正如学者费正清所言："欧洲人和中国人很可以相比，同样是人数众多、民族复杂。可是在他们今天的政治生活中，在欧洲和南北、美洲生活的约10亿欧洲人分成约50个独立的主权国，而10亿多的中国人只生活在一个国家中。人们一旦看到1和50的差别，就不能忽视。"①

中国人口众多、民族复杂，虽然欧洲和美洲也有着多族群治理的经验，但在人口数量上是不可比拟的，就像50和1不可比拟般自然。中国有着漫长统一的多民族国家历史，这种积年的历史记忆使统一的整体认同感深入中国各民族的"心田土壤"，融汇着群体对有序生活的先天选择惯

---

① 麦克法夸尔、费正清编《剑桥中华人民共和国史》(上卷)，谢亮生等译，中国社会科学出版社，2006，第12页。

性。正是基于此，国家与国人在规则选择的时候自然具备了一种特有的社会心理资源，即对国家秩序体系“整体性”的较高认同。在“整体的和谐”[①]的语义共识下，中国生长和沿袭了一套特有的法律文化传统，其间包含了独到的内容和丰富的内涵。

（一）中国传统法律文化的发展脉络

中国经历了漫长的封建历史，这就注定了在此基础之上生长出来的中国文化必定与这个历史有着千丝万缕的联系。就法律来说，由于“刑起于兵”，因此，起源于纷争的中国古代法律体系，在强调定分止争的戒律中，刑罚制度格外发达。而另一方面，以家庭为单位的生活和生产方式，使得传统的法律格外重视家族的伦理关系，重视协调社会各方面的关系；在法律中使用温情，这在古代文化中是时常能够见到的，有时它还会起到刑罚所无法起到的作用。但也正因如此，中国古代的法律始终未能摆脱家族的束缚与人情的羁绊。传统法律中礼与法的关系密不可分，礼法关系的消长与内容的变化也构成了传统法律发展的主线。

---

① 高鸿钧：《法治：理念与制度》，中国政法大学出版社，2002，第23页。

尧舜禹时代是中国传统法律的发祥时期，贯穿了“明刑弼教”精神。夏商周三代确定了“明德慎罚”的原则，注重“礼治”，使礼学文化得到了充分的发展，成为“制治之源”。到唐律已完成了礼法结合，礼的许多内容被直接定为法律，“七弃三法”、“八议”、服丧制度等，确定了中国传统法律的伦理特质。[①] 中国封建时代的法律，形成于战国秦汉，成熟于魏晋隋唐，发展演变于宋元明清，虽周密的体系尚有不足，但仍具有较为完整的发展脉络和清晰的沿革线索。

夏商周时期，生产力水平极其低下，统治者利用人们普遍信奉的迷信，宣传“王权神授”和“代天刑罚”的神治思想，把自己的统治说成是天的旨意，把对奴隶和平民施行刑罚说成是秉承神的指令。由于受神的支配，其立法、司法活动在形式与程序上都与卜巫合而为一，大小事务都按照特定的方式和程序占卜，以得出行或否的结论，因而，当时的法律实践还不能按其自身的规律发展来论，带有“任意”色彩，是一种“任意法”。然则，不论是任意的

① 蔡玉霞：《简论中国传统法律文化》，《政法论丛》2001 年等 1 期。

还是有意的，法，自此开始了在中国几千年的旅程。

中国惯称为礼仪之邦，要谈法就不能不论及贯穿整个中国历史的“礼”。西周时期，中国传统法律进入以“礼”为核心的新时代。“礼”是周公制定的一套维护宗法等级制度的行为规范和典章制度，其基本要求是“亲亲”“尊尊”。[①] 再由亲亲、尊尊、长长、男女有别派生出孝、忠、节、义等道德规范。礼仪的实施途径主要是教化。为了使“礼”的精神得到贯彻，周天子曾分别制定了关于法律原则和刑罚制度的稳定性的法律规范及诰、命、誓等临时性法律规范；而各诸侯国则采取“议事以制”的司法审判方式，使得判例得以产生并发展。这个阶段，已经形成比较规范化的立法机构和立法程序，总结出“五听”的司法审判经验，法律的分类技艺有所提高。

到了春秋战国与秦王朝统治时期，为适应新兴地主阶级的政治需要，中国出现了“法治”思想。以李悝、商鞅和韩非为代表的法家提出“以法治国”的口号，强调法的重要作用，主张有法必依、赏罚分明。在以法而治的精神

① 《史记·太史公自序》索引。

指导下，秦朝极其重视法制建设，使天下事无论大小皆决于法，出现了《法经》与秦律等相对稳定的法律规范。法家以“人性好利恶害”为基点，一切有碍于制度的道德都在被排斥之列。鼓励告奸、互相揭发以及严酷的刑罚，使其可以说是礼崩的时期。而此时的法治并非现代意义的法治，因为此时的法还只是为了一人之治而制定的，为人治服务的法治。

西汉至清末的两千多年间，是中国传统法律最重要的发展时期，即“礼法合治”的时代。秦王朝覆灭，汉初的儒学门徒再起，纷纷指责法学“刑治”，要求统治者遵行儒学。西汉中期，董仲舒的罢黜百家、独尊儒术为帝王所接收。从此，以“礼法合一，德刑兼治”为核心的儒家法律思想在整个封建思想领域中占据统治地位，并一步步渗透到法律实践领域。礼法融合终告完成，此时的“法”已经失去了自己的古老灵魂，形式是法，而内容是礼，基本特征是强制。

综上而言，自汉代儒学被统治者奉为正统后，法家法治理论遂被逐出庙堂，法治不仅受到汉代思想家、政治家的批判，而且受秦暴政之累，在两千多年的历史中曾经遭遇过冷落。时至明末清初，思想界出现了新的气象，在传统民本思想基础上产生了具有近代启蒙意义的思想。以黄宗羲为代表的启蒙思想家对法家的法治虽然仍持批判态度，但对“法”却寄予厚望，他们的理想就是要变“一家之法”为“有治法而后有治人”，限制君权，加强宰相、大臣与地方的权力的“天下之法”。[①]自此，在中国逐渐拉开了现代意义的法治的序幕。

（二）情、理、法——中国传统法律的伦理特点

同样是对国家的治理，不同的历史人文背景衍生出的管理方式肯定会有着各种各样的差异。法学家曾述，“正义有着一张普洛透斯似的脸”[②]，法中的一项理念尚有着多副面孔，更何况是在完全不同的文化背景中滋生出来的中国和西方的法律。前述已论，中国有着特殊的家族制度以及礼的特殊地位，虽强调“规矩”，但亦强调“道理”“情理”。如此特征，意味着，当中国在谈论“法”时，不可避免地

① 高鸿钧：《法治：理念与制度》，中国政法大学出版社，2002，第41—43页。

② 博登海默：《法理学——法律哲学与法律方法》，邓正来译，中国政法大学出版社，1998，第252页。

存在着对情、理、法的纠葛，且对“情”“理”“法”这三个字的理解皆是中国式的。“情”指的是“人情”，也就是常说的“卖个人情”的情，这不是一个理性域内的话题，是一种个人的感情，是可变的个人的因素；“理”指的是“道理”，也即公众所认可的普遍存在于人们心中的“这样才合理”。理比情进了一步，但仍不可以将其归于客观的范畴之内，这是较为稳定的公众的因素。而“法”自然就是理性的，是排除了人的个别性意志的客观规定，它是稳定持久的，也是不能变通的，这是强调安定的国家的必要因素。法对客观理性的必要是不容置疑的，倘若社会只存此一观念，那么可以说这个社会的管理将是异常单纯的，管理者只需要遵从它的自然发展即可。但即使是最坚持的自然法学者，也承认，就算是处于“黄金时代”的自然状态，也势必会被打破，因为人与社会的组成是一个从简单向复杂的必然发展过程。情理与法的纠葛，这是人类社会之共述难题，前文曾论，学者于此几经纠缠，传统的中国社会于此更是交错难厘。

中国人崇尚伦理道德，在创造文化时常常表现出“人是伦理动物”的特点。[①] 这一特点在法律发展上的转化是，中国人总是习惯将合情和合理联系起来考虑问题，滋贺秀三对中国“情”“理”“法”同为法源的问题，在与西方法律文化的对比下，建构了一个生动的隐喻：

> 情理不过是一种修辞，并非具有明确定义的术语。法官并非只是根据某种特殊的意图，在某些场合使用这一用语，而在其他场合避免使用。无论口头上说与不说，情理经常在法官心中起作用。在这个意义上，应该说判语集都是充满这种情理的文章。国家的法律或许可以比喻为是情理的大海上时而可见的漂浮的冰山。而与此相对，西欧传统的法秩序却总是意图以冰覆盖整个大海，当铺满的冰面上出现洞穴的时候，则试图努力通过条理来扩大冰面，以覆盖这些洞穴。这就是二者最根本性的差别。[②]
>
> 国家的法律是情理的部分实定化，一般而言，情理所起

---

① 蒋重跃：《辩证发展观在古代中国的觉醒——道儒两家以“反”为主题的理论探索》，《南京大学学报（哲学·人文科学·社会科学）》2015 年第 5 期。

② 滋贺秀三等：《明清时期的民事审判与民间契约》，王亚新、梁治平编，法律出版社，1998，第 36 页。

> 的作用具有提供线索的性质。因此，法律的条文还需要通过情理加以解释或变通。徐士林对关于婚约中信义诚实问题的律例进行解释时，开宗明义地指出："夫律国法也。即人情也"。大海与冰山的比喻，在此意义上也十分贴切。由情理之水的一部分所凝聚成形的冰山，恰恰是法律。①

主观领域，在中国民众的传统法律观念中，中国人总是会为合情留下说理的空间。古人认为道德是抽象的、分析性的、理想化的，情则是更现实、更人道的，与实际紧密相连，更能正确理解关系和审时度势。而法是人所制定的，既不像天理那样为众所公认，稳定而无须证明，又不像人情那样现实、流动，因而，在群体生活中易被左右。"情理"所体现出来的，是细致入微地考虑和尽可能地照顾到每个当事人各自面临的具体情况，试图全面调整人与人之间的关系。

客观领域，中国传统社会是一个熟人社会。一方面由于集中式的居住，各家各户比邻而居，加之极少的迁徙和

① 滋贺秀三等：《明清时期的民事审判与民间契约》，王亚新、梁治平编，法律出版社，1998，第 40 页。

代代相传，使得一地之民或沾亲带故，或熟人熟事，在抬头不见低头见的地理环境中，“远亲不如近邻”，人情意义根深蒂固；另一方面农业一直都是古代中国最为主要的经济发展形式，农耕为主的生产方式，使得人们总是能或者经常需要互相帮忙，已经或者可能守望相助的经验告知人们，人情是一种世故，“吃亏是福”。

主观提供了、构筑了意志，客观告知了经验，因此，在中国古代，人情是无所不在的，朴素但又稳固地存在于老百姓生活的方方面面。所以，人们对纠纷的处理有着上下通达、设身处地、具体事务具体对待的心理期望，对执法者有着法的技艺要求，更有着酌情的定需。为什么都是严格执法的官吏，可独独“包青天”的形象却能如此地深入人心，并且广为传颂呢？因为包老爷在明察秋毫、执法如山的同时又能顾及情理、体恤民意，为铁面无私的法律添加了温情的色彩，让法律富有了人情味。

情理观念影响了中国人生活的方方面面。在中国传统价值系统的群体取向、他人取向或社会取向中，人情无所不在，“不看僧面看佛面”，情面对中国人的影响可谓深刻。中国人主张宽容，“有容，德乃大”，宽容的进一步就是忍耐，“从心刀，谓心中含怒如怀刃也”[1]。而这些个人修养当中最具代表性的算是“和”了。和为贵，是人所共知的古训，和的含义就是和谐。而“和为贵”的价值目标意味着人际关系的和睦、和平、和谐以及社会的秩序与平衡。这样的价值取向，使得中国传统法律文化的惯习中，“无诉”往往先位于“有诉”选择。

总而言之，在中国传统社会，“情”与“理”是无处不在的，凭借着它们的巨大影响力，使得百姓们一旦遇到纠纷需要解决，“法”须与“情”“理”融通方易接受，听诉的目的是“必也使无诉”；法律实施的最佳途径也并非建设完备的制度，而是“其身正，不令而行”[2]。礼与法于此形成了水乳交融的景象，传统法律不仅仅以维护社会的秩序为己任，其追求的最终目标是人情的合理体现和社会的整体和谐。在这样一个社会体系中，“法理不外乎情理”语义环境使得情理获取了法之同义。

---

① 《说文解字》。

② 《论语·子路》。

第二节　法治现代化的要求

无论法治的传统或经验有多么大的区别，法治已经在中国切切实实地推行着，人们也已经确然认识到这是现代经济建设的必然要求，也是历史发展的必然趋势。而今随着法治前进的脚步日益坚定，“法治”也已成为一个不容置疑的世界性的概念。法治现代化有其特定的原则体系，是推动人类走向文明的有效机制，其主要内涵应包括以下几个方面。

第一，法律至上。

法律至上是指法律具有绝对权威，在社会系统中处于最高地位，没有任何人和组织可以凌驾于法律之上。法律是否至上是区分法治与非法治的分水岭。为了保证国家和社会的稳定和发展，必须要有权威，这个权威只能是法律，而不是其他什么权力，更不是任何个人控制。法律不仅具有国家强制性，还具有稳定性、精确性和科学性。

法律至上一方面是指在整个社会控制机制中，只有法律才能成为主导手段；另一方面是指对国家权力的限制，即法律对法律规则的制定者本身也有限制作用，能对国家权力设定活动的空间，遏制国家权力对公民权利、自由的侵犯，避免因不受限制的权力对社会造成灾难，减少任意之治局面出现的可能性。

第二，保障权利。

实现充分的人之权利是现代法治的重要目标，也是法律至上的价值定向。作为社会的规则系统和调控机制的法治，其目的是维护公民的各项权利，法治意味着自由原则的确立和权利制度受到保障。

权利的保障制度形成于法律对权利的宣告，有权利的内容，同时也需要权力的保障方得以实现。权利的宣告意味着法律每宣告公民的一项权利，就等于同时宣告了权力的一个边界。个人权利的最重要保障手段是权力，所以权利宣告与其说是法律告知公众有多少权利，毋宁说是法律告知政府权力的行使有多大限度。权利的宣告机制还包含权利侵害的预防机制和侵害发生后的救济机制，这些机制的统一，构成真正有效的权利保障制度。

第三，制约权力。

法治现代化要求权力的运作必须纳入法律设定的轨道

之中。法律的基本功能之一就是限制与约束权力，法治是制约权力、防止权力腐败的最有效、最理性的社会政治机制。作为国家制度的民主，总是与权力相联系而存在的，但是，权力与民主之间并不存在内在的必然联系。如果要在权力与民主之间搭建一座桥梁，那就必须首先使权力与法律联结为整体。只有在法律支配权力前提之下，权力的行使有一定范围的限制，才谈得上现代意义上的民主，也才谈得上法治现代化。[①]因此，是权力支配法律，还是法律支配权力，就成为传统型社会与现代法治社会的重要分界线，反映了民主与专制的关系、法治与人治的区别。只有把权力纳入法律的轨道上，把权力纳入法律规则的有效制约之中，法治现代化才能真正建立起来。

第四，司法职能的独立。

行政与司法的合一，乃是我国古代传统社会政治制度和司法体制的一个基本特点。随着传统型社会向现代型社会的转变，社会政治结构的分化日益明确，法律的自主性调节机制得到了普遍的重视。行政与司法职能的分开，已

① 顾肃：《论法治现代化的基本原则》，《江苏社会科学》1996 年第 4 期。

成为政治生活的主要准则，也是我国现代法治的明确模式。从客观上讲，国家权力体系中的行政权与司法权具有不同的属性。行政官员的任务是贯彻立法者通过的法律规则，并且在法律规则所限定的范围内活动；法官则不应该参与社会公共政策的形成过程，而以这种不参与，换来免受政治干预的有限权威，这就是司法赢得其“独立”的代价。要把法律所体现的普遍精神，融入并贯彻到具体事件的公正审理之中，就需要司法机关独立地行使其职能。这是现代法治的最基本要求之一。

第三节　法治在民间的“困惑”

法治是现代国家的制度共识，法治现代化是时代的需求，但它的发展从来不是一蹴而就的，也非众口一词所能概括。自法治词源产生之时起，其内涵和外延就成为法学研究中的恒定话题。曾经一段时间，我国学者在法治的制度研究中，强调和重视法律移植，认为法治已然有了成熟的他国经验，移植为我所用即可。然则经过长时间的法治本土化的思考与实事求是的实践探索，我们对法治有了更为多维的、落地性的思考，中国有着自己的法律传统文化，也有着自己的法治经验。

需要正视的是，传统并不仅仅指代“过去”，它还包含着“未来”。一方水土养一方人，黑头发黄皮肤的我们和我们的祖先以及子孙，都是生活在这一传统之中而无法跳离其外的。对于社会治理手段的法治，是否可以换一个角度来考虑其内涵与运用，不但要考虑我们的传统符不符合西方的法治精神，而且还要考虑西方的法治模式是不是符合我们的传统呢？“传统”是一个无法割舍的、流动着的文化连接体，它不仅是历史的，也是现实的。我们的文化传统，在历史上曾经造就了高度发达的农业文明，在现实中依然支配着亿万民众的观念、行为。法治建设如果仅因要符合西方的标准而无视这些曾经拥有且正在利用的传统，“法治”将丧失其运营施行的群众基础和人文土壤。费孝通先生早就意识到了这一点：“法治秩序的建立不能单靠制定若干法律条文和设立若干法庭，重要的还得看人民怎样去应用这些设备。更进一步，在社会结构和思想观念上还得先有一番改革。如果在这些方面不加以改革，单把法律和法庭推行下乡，结果法治秩序的好处未得，而破坏礼治秩序的弊病却已先发生了。”[①] 法治是一种上令，民间是一种下行，而民间法在其间正好承担了一种衔接的作用，一方面它为上令下行提供了桥梁，另一方面也为国家法提供了规则资源。因此，在中国的法治研究中，民间法始终占有了一席之地，为法治提供了多元化的知识的同时，也为法治的发展展开了一些多元化的思考。

按照西方经典的法治概念解释，“法治”的基本含义是制定得良好的法律得到普遍的遵行，良法与普遍遵行之间前后佐证、自成循环。此理念之下，唯理论的自然法学说认为，法的有效性源自不变的“人之本性”，法律规范来源于绝对的法伦理原则，又从此法律规范中推出具体的判决；法律实证主义认为，法的有效性来自既存的与自然秩序无涉的变动不居的“立法者之意志”，具体的判决同样也是经由不考虑经验的、纯演绎的凭借立法者命令的法律做出。作为西方法学史上最为著名的两大学派，虽然针锋相对、互有指责，但是二者在法律的有效性和实现上都倾向于公

① 费孝通：《乡土中国 生育制度》，北京大学出版社，1998，第58页。

理化，致力于构造一个具有合适的、精确的知识之封闭体系。然而，中国的法律文化传统对情理法的共事追求，使得中国的法治传统带有开放式的特点，这使得处于法律移植中的法治在中国的本土适用中遭遇了诸多难题，对此学者曾以《秋菊打官司》《被告山杠爷》等电影的故事进行了举证式叙事。中国拥有广大的乡土社会，保留着丰富的本土资源，民间认知是我们长期秉持的法治经验，一直以来，法学研究者都有着“民间法作为法律渊源，既可以被法官直接援引作为裁判规范，也可以被法官作为构造裁判规范的‘原材料’加以运用”[①]、“民间法具有强劲的生命力，具有广阔的发挥作用和发展的空间，不仅是国家法的重要渊源，也是国家法的补充”[②]等共识。中国有自己的法律文化传统，处于移植语义中的法治在中国广阔的民间始料未及地遭遇了困难，产生了“困惑”。前文已经论述了中西法治在发展过程中产生了大为不同的传统资源，以及蕴涵于这些传统之中的不同价值体系。接下来，本书拟从田野实证研究的

① 谢晖：《民间法与裁判规范》，《法学研究》2011 年第 2 期。

② 刘旺洪：《论民间法及其与国家法的关系》，《江海学刊》2007 年第 4 期。

角度继续分析，通过对西部的一员——黔东南苗族侗族自治州（简称“黔东南州”）这一西部典型的少数民族聚居、村落文化繁盛的地区的调查，可以看到这一地区的文化传统、风俗习惯以及代表民族及村落文化的民间法体系与代表法治体系国家制定法之间存在的互异和融合，具体化地来看看法治的民间“困惑”原因何在，又计将安出？

第二章　民间法：多种知识和多重规则

第一节　区域及族群背景

一、定位的缘起

中国西部地区，是一个古老又现代的地区。这里经济欠发达，但是市场潜力巨大；这里工业落后，但是能矿资源富集；这里人口密度不高，但是地域辽阔；这里需要国家规制，但是却有着更多的民间规则……再加上这里多民族聚居，民族习俗复杂，使得本来就带有一些神秘色彩的西部显得更加迷雾缭绕。然而正是在这个地方，有着不可多得的民族资源，浓厚的中国传统文化。因此在论及“中国特色”时，西部是一个不可以被忽略的地方。正因如此，当我们谈及“法治”在中国的走向时，要看清它如何运用

“中国特色”这块调色板来图画自己的颜色，必然不能忽视西部这块最能展示描画者技巧的大画布。然而，西部太过于辽阔，若谈及整个西部唯恐有一种大而空、泛泛而谈却又不知所云的尴尬局面，所以笔者只能将视野缩小，聚焦于自己较为熟悉的西部一个小型的多重乡土文化汇集的聚居区——黔东南苗族侗族自治州。

二、黔东南苗族侗族自治州概况

黔东南苗族侗族自治州位于贵州省东南部，东邻湖南，南接广西，西与贵州省内的黔南布依族苗族自治州接壤，北与遵义、铜仁两地区相连。州内东西宽 220 千米，南北长 240 千米，总面积 3 万多平方千米，占贵州省总面积 17.2%，居全省 9 个市（州）的第二位。全州现辖 1 市 15 县，为凯里市、施秉县、从江县、锦屏县、镇远县、麻江县、台江县、天柱县、黄平县、榕江县、剑河县、三穗县、雷山县、黎平县、岑巩县、丹寨县。总人口 400 多万，其中以苗族和侗族为主的少数民族占人口总数的 74%，是全国 30 多个民族自治州中人口最多、少数民族人口比例最高的自治州之一，更是全国苗族侗族人口最多的自治州，素有“苗族大本营”之称。另外这里还居住着布依、水、壮、瑶、彝、满、回、白、傣、土家、仡佬等等其他众多的少数民族。在黔东南苗族侗族自治州境内，最常能看到的地貌是山地。苗岭山脉横亘自治州中部，全州地势西高东低，由西向东及东南急骤下降，相对高度较大。自治州内水系发达，河网稠密。自治州地处中低纬地区及其季风特点，使得这个地域的气候特点是：夏天无酷暑、冬天无严寒、阴雨天气多、雨量充沛。黔东南州地处长江、珠江上游，是长江、珠江上游的重要生态屏障。凭借着它的地理环境，这里森林、矿产资源丰富，主要以农林为主业。丰富的民族历史文化积淀，使这里还保存着唐代发型、宋代服饰、明清建筑、魏晋遗风；民族节日就有 160 多个，有“百节之乡”之称。

黔东南州的历史悠久，今黔东南州的辖地在春秋战国时期属于黔中郡和象郡，明清时分属思州府、镇远府、黎平府和都匀府，由于其少数民族人口比重较大，所以此辖地于 1956 年 7 月建立黔东南苗族侗族自治州，州府所在地几经变迁，现在设立在凯里市。凯里市是全州的政治、经济、文化的中心，市区位于自治州的西部，距贵州省省会贵阳市 160 余千米。全市总面积 1569.7 平方千米，是一个以苗族人口为主体，多民族聚居的城市，在经济发展上是一个以轻纺、电子、建材和木材加工为主的新兴工业城市，同时也是全州发展得最全面的城市。

第二节　传统民间习俗

一、“议榔”议事

议榔，苗语称为 Gheud Hlangb[①]（音“构榔”），按“构”即“议”，“榔”即“规约”。“议榔”一词，可简明地说是“议约”或“议定公约”。组织的头人大多数是自然形成，一般为德高望重的老人或能说会道的、有魄力的人，这些人被称为“理老”。“议榔”有着悠久的历史，我们现在还可以在苗族的古歌中看到对它的描述：

① 在许多地方的苗族史诗和民间传说中都说苗族古代曾有文字，后来由于种种原因失传了。一些地方文献也曾提及古苗文。但是迄至近代，苗族地区没有仍在使用的传统文字。现在使用的苗族文字是中华人民共和国成立后，政府组织语言学家为苗族三大方言各创制了一套苗文，把滇东北次方言老苗文改进为拉丁字母形式。

榔花在天上 / 落到地下 / 来到“央”的坪子 / “岩央”才来议榔 / “告腊”才来议榔 / “岩九”才来议榔，“务矩”才来议榔 / “哈略律”才来议榔 / “腊略力”才来议榔。

为了团结地方 / 为了团结村、社 / 莫象牛乱来 / 莫象马发野。[①]

榔规溯河来，榔规来到了。榔到了刚柳地方，来到了加发地名。烧坡遇刮风，玩狗雷声响，烧完山岭上的树干，死完山谷里的树根，地方不依，寨子不满。头人金尼郎来议榔，头人罗栋寨来议榔。封河才有鱼，封坳才生草，封山才生树。议榔地方就和好热闹，议榔寨子才亲善和睦。[②]

为了粮入仓，为了酒满缸。封山才有树，封河才有鱼。地方才和睦，村社才兴旺。不让谁弄坏田土，大家才有饭吃。没有盗，没有贼，地方才安康。议榔要所有的人知道，议榔给所有的人遵循。[③]

---

① 李廷贵：《再论苗族习惯法的历史地位及其作用》，《贵州民族学院学报（社会科学版）》1998 年第 3 期。

② 李国章等：《报德苗族》，贵州人民出版社，2006，第 101 页。

③ 刘黎明：《契约·神武·打赌——中国民间习惯法习俗》，四川人民出版社，1993，第 54 页。

这些古歌表明了苗民对传统习惯规范社会价值的深刻理解，以及他们对将这些习惯转化为法律必要性的基本认识。

在苗族地区，议榔既可由一个村庄或一个鼓社[①]单独形成，也可由多个鼓社乃至整个地区联合形成，各地的名称又有所不同[②]。这些共同认可的规则被称为“榔规”。但无论名称如何，究其实质，都是苗族社会中一种议定社会公约的制度，也是地区性的“政治联盟”，可能源于原始社会公社末期开始有了私有财产的时候。榔规，就是由这些会议通过并由公众确认下来，大家共同遵守。大体说来，榔规在小范围内对经济生活作用大，大范围内则对政治军事作用多。议榔规约几十年甚至几百年都无多大变化，其内容一般是：对内“纯正社会道德”“维护社会秩序”“保护公、私财产和生产与生活”，对外“互通有无”“抵抗外辱、一处受敌、共同援救”等等。经过议榔制定下来的各种规则，人人遵守，违者问责，轻的处以罚金，重的判以肉

---

① 鼓社有“一个组织单位”的意思，为民族外婚制团体，一般由同宗的一个村或几个村组成，是苗族社会进入个体家庭以后的社会组织体制，为民族结合体的社会基因。

② 广西融水和贵州从江的苗族叫“埋岩会议”，黔东南州凯里和雷山等地则称为“构榔会议”，有的地方叫作“勾王（苗王）会议”。

刑，执法者系由“理老”裁判，鼓社头人通知犯罪者亲属执行。因为所有规约一经议榔会议确认，就成为公共遵守的“神圣榔约”，有的地方用“栽岩”或“埋岩”的形式确认下来。属于婚姻伦纪的，称“女男岩”；属于禁戒偷盗的，称“禁盗岩”；属于维护生产的，称“发财岩”；等等。有的则编成“理歌、理词”，广为传播。[①] 近代以来，有些地方，有形成文字的榔约木牌，挂在村寨路口的“榔树”（即木油树）上，犹如布告周知。在这块木牌旁，还挂有为议榔而宰杀的牛的牛角、牛尾和四蹄等（召开较大的议榔会议时，一般要杀牛盟誓，并把肉分给村寨甚至各家各户煮吃，做到人人皆知，以壮声势）[②]。而对于通过议榔得来的规则，人人都严格遵守，无人会质疑它的权威性。议榔的社会功能，史书有载，如清代曾出现“齐榔”组织起义，

---

① 喜农：《黔东南苗族“议榔”考》，《贵州民族研究》1983 年第 2 期。

② 据家住黔东南州雷山县雷公山的七十多岁老人敢闹介绍，约在光绪年间（查为 1904 年），新塘、桥港、龙河一片几十个村寨曾举行过一次“议榔”，在掌披上寨的牛角堂杀牯牛一头，吃肉“宣誓”：不准为匪、不准偷盗、不准打架。举行议榔会议时，境内的汉族也参加了。那次议榔是由理老主持的。因为榔规理法对安定社会秩序有利，所以政府也不加干预。

张秀眉起义[①]之初曾用议榔号召“六社全起来”等。可见，苗族的议榔“习惯法”之制约效力，并不比成文法逊色。

二、“合款”断案

侗族的习惯法最早起源于何时已无从考究。侗族没有自己的文字，和苗族一样，对制度的表现形式多为口头的传承。侗族古歌唱道：

> 公上山，把兽赶；奶下河，把鱼捉；
> 公得肉，众人扶；奶得鱼，众人随；
> 人有股，众拍手；人有伤，众高兴。[②]

侗族传承下来的古歌充分体现了原始社会的平均主义的分配原则，主要是为解决人类早期食物分配中的不公和偷盗问题，很可能是侗族习惯法的重要内容。侗族虽然没

---

① 张秀眉是清咸同年间苗族起义的领袖，他所领导的苗族起义是清咸同年间贵州反清声势最大、历时最长、影响最深的武装起义，他是著名的苗族英雄。

② 贵州省民族事务委员会、贵州省文联民研会编印《侗族文学资料》第五集，普虹编译，为内部资料，1985，第147—148页。

有文字，但是也不是说侗族没有成文的东西，其中就有表现为用汉字书写的“款碑”。早期侗族的习惯法称为“口诵法”或“口头法”。它是一种不成文的、口耳相传的民间规范。随着地域观念和民族意识的形成，侗族社会内部出现了具有原始民族农村公社和原始部落联盟特征的民间自卫组织——“款”，它的组织者成为“款首”。款组织出现之后，款首们经常用原始宗教祭词的形式来发布款约，并叙述款的历史，于是便出现了最初的“款词”。“款词”的内容相当广泛，可统称为“侗款”，最初的款词多为口头法、口诵法、石根款等。“口诵法”来源于原始的宗教祭词，侗语称“Lelx”（言语）或“Mry Jiuc”（条理话）。它是一种有音韵、有节奏的民间念词，是经过祭师、歌师等加工过的一种艺术语言形式。

虽然民族习惯多以口碑的方式传承，但经歌咏发展而来的“款”却是少有的成文法之一。现在发现的最早的“款书”抄于明代万历年间，是侗族的民间法典。它包括侗族社会的各种法规和法令，如《六面阴》《六面阳》《六面后》《六面薄》《六面上》《六面下》《六面威》等。此外还包括与这些法规有密切关系的重要内容，如《十三款坪》（区域划分法)、《九十九公款》(婚姻改革法)、《石根款》(革新婚俗法)、《出征款》(军事法)等等。[1]相对苗族的"榔"对刑事方面比较零乱又无重罪和轻罪之分的规定，款约的规定总的来说是比较系统的。其中"六面阴"指的是六种死罪，"六面阳"指的是六种轻罪，"六面上"指的是六种有理的事，"六面下"指的是六种无理的事。

通过制定"款约"，侗族内部以地域为纽带组成具有部落联盟性质的"合款"，每个氏族或村寨皆由"长老"或"乡老"主持事务。凡是成年男子均须参加，共议款内事宜。而制定出来的"款约"，它的功能就相当于今天的法律，有着长远的影响力，已经成为当时人们坚定且不容置疑的信仰。凡是触犯了"款约"的人，无论是谁，哪怕是款首的儿子，也一样受到"款约"所规定的处罚，颇有天子犯法与庶民同罪的意味。

---

① 徐晓光：《贵州黔东南地区苗族、侗族习惯法特征比较》，《西北民族大学学报（哲学社会科学版）》2015 年第 1 期。

三、传统习俗的现代影响

（一）“议榔”的现代传承

自改土归流以来，尤其是近代以来，苗族逐渐被纳入全国一体化的行政管理体系，保甲制度、村社制度在苗族社会管理中的作用日益增大，同时苗族传统社会组织的功能也在日渐萎缩，现在纯粹的“议榔”的原始习俗已经逐渐消失。现在保存议榔的地方，榔规基本上是以乡规民约的形式存在，在民间成为国家法律的补充。

纯粹的议榔消失了，当然榔规中的一些自主决定处死人的现象已经绝迹了（至少是在笔者调查的范围内）。但在榔规中的一些良好风俗，如不允许为匪、不准偷盗，被保存了下来，关于对偷盗的处罚在现在施行的乡规民约中随处可见。另有一些榔规，例如反映宗族传统婚姻习惯的：“同宗族同鼓社的子女，是兄妹，不能婚配；亲姨表子女也如同兄妹，不准婚配，违反者，罚以‘白水牛’，祭祖祭社。虽同宗同社，分社以后，可以开亲。”这些婚姻方面的限制，现在仍然在施行。男女青年若超越规定的界限去结合，将受到社会舆论的强烈谴责和处罚，以至无安身之处。

如果说议榔制度于今还有什么更重要的影响，那就是其中的理老制度。“理老”苗话称为fxudlul（音“俸禄”），直译是“长老”，相当于“智者”或“师父”，也即今天在黔东南村寨里所称的“寨老”。他们熟习古理榔规，办事公正，能言善辩，在调解纠纷时，诚如律师。古时，理老有根据古约榔规、理歌理词而评议诉讼的裁判权，在双方不败诉的情况下，则采用“烧汤捞斧”的“最后裁判”①，由理老来鉴定输赢。而今，在黔东南州的许多苗族村寨，仍然保持着对理老的裁判的原始崇拜，各家各户若是遇到问题一般都会去找自己村寨中的寨老或长老来主持公道，而且对寨老或长老的裁断结果都非常地信从。

（二）“合款”的现代传承

秦朝时期，今日黔东南州侗族人民所生活的地域就已经陆续纳入封建王朝的版图，但直至20世纪40年代，部分交通阻塞的村寨仍处于“有款无官”的状态。而今，这些款约也有了崭新的形式和运用特征。

直至近代，从古代传承下来的款组织仍在实际生活中

---

① 这是居住在黔东南州雷山县雷公山的苗族人所用的方式。

发挥着主要作用，“合款”的法律功能仍在某些地区生效。如 1937 年，黎平县地青大寨的吴本良，因偷了别村的牛，被处以砍头之刑（由其族人执行），其父吴占玉虽身为款首，但仍得依照款规来处置自己的儿子。此外，地青大寨当时按款规处以极刑的罪人尚有石开合、符实贵。[①] 这些地区在 20 世纪 30 年代虽设有保甲制度，但同时保持了款首制度，维持寨内治安的权力依然掌握在款首们的手里。

中华人民共和国成立之后，款首制度被彻底取消了，按款规款约对犯罪施以极刑的例子也难以寻觅了。但一些村寨每年正月在鼓楼里举行的讲款诵款活动仍然延续了下来。现今，同苗族的榔规一样，款规也以村规民约的方式延传。村规民约的约束力与过去的款规的约束力虽有程度上和内容上的差别，但“人人必须遵行，户户必须依从”这一带有强制性的约法性质，却是共同的。同时，从村规民约中偶尔出现的差别于国家有关法令的条文内容也可以看出，村规民约与历史上的款规的“民主自治”的性质也有相同之处（这与苗族村寨订立的村规民约所体现出来的思想有共

① 张冠梓：《论法的成长——来自南方山地法律民族志的诠释》，社会科学文献出版社，2000，第 391 页。

通之处)。

第三节 乡土社会中的组织、规范和秩序的现状

一、地区调查简介

笔者调查的这些地区既有黔东南州的共性，又有区别。其中有经济较为发达的小型城市，也有还处于原始耕作状态的贫困村庄；有交通便利的地区，也有要换乘几种交通工具然后还需步行才能到达的偏远村落；有人口较为集中的地区，也有分布极为零乱的村寨。它们的共同之处是，都是乡土文化的聚居区，并且多以村寨的形式存在。

未进行实地调查前，笔者对于苗族习俗、村落文化及民间秩序的维持的认识一直疑虑重重。但是，多时的实地考察，使得笔者不仅为这些地方的奔放、质朴所感动，更为这些地方的和谐、宁静的人文环境观而惊叹。在这些远离都市文明的山林间，良善的民间秩序是由什么力量造就

的呢？是国家法律，还是什么其他？抑或二者兼具呢？

考诸历史，取之现状，国家法乃是属于精英文化系统的“大传统”范畴之内，然则辐射有着从近到远渐弱的特点，国家法在偏远地区的影响力是有限的。交通阻隔、民族各别、文化差异，使这些地区的人们与国家法律做正式、全面接触的机会不多，在20世纪50年代以前尤为突出，他们难以感受到国家法律文化的熏陶，缺少对国家正式法律的情感体验，反而对本族传统的习俗、惯例情有独钟。在这里，人们对富足、祥和的追求，对公平、正义的渴望，虽然也适时借助国家法来实现，但更多的时候是通过自身固有的规范体系的调整来得到满足，正如恩格斯在《家庭、私有制和国家的起源》中所说：“在大多数情况下，历来的习俗就把一切调整好了。”[①] 在乡土社会中，以习俗、惯例为核心的规范体系，通常表现出强制性的特点。为了维持稳定的社区秩序，民间法虽然没有国家法体系的经典与规范，也没有国家法体系的宏伟和浩大，但在社区调控功能上，却异曲同工，有时甚至还有着国家法所难以顾及的灵

① 中共中央马克思恩格斯列宁斯大林编译局编《马克思恩格斯选集》（第四卷），人民出版社，1972，第92—93页。

活性的优势。要对乡土社会的权威、秩序做出合乎情理的解释，唯有将这些看似粗俗却又务实功利的规范性秩序理解为“法”的另一种类别。民间规则是一套民间的非正式的知识系统，隶属于“小传统”的文化范畴，正好与代表精英文化的国家制定法构成相对应关系。

二、民间秩序的维持方式

国家权力在深入乡村的过程中，不同的规范性知识之间也在相互地作用和渗透。正式法最基本的概念、范畴、分类和原则，并不具有不言自明的特性，仍然需要一个认识和接受的过程。同样，民间通行的规范与观念，也不是迷信、落后一类说法能够恰当地说明的。事实是，民间秩序的发生，有属于它们自己的历史、传统和根据，早在我们讨论的正式制度深入乡村以前，它们就已经存在，并且有效地提供了一套使得乡村社会生活得以正常进行的框架。可以肯定，这套知识是正式制度所不熟悉的，但是对于生活在其中的乡民来说，它们却是生活常识，是人们之间进行社会交往和解决他们所共同面临的问题的重要手段。

（一）禁忌

禁忌，是“关于社会行为、信仰活动的某种约束限制观念和做法的总称”[①]。禁忌包括两方面含义：一是对受尊敬的神物不许随便使用，以免遭到惩罚；二是对受鄙视的人和事务，不许随便接触。最早的禁忌是原始人对大自然充满崇拜、畏惧而产生的。[②]因为与自然关系紧密，所以黔东南州乡民的禁忌种类繁多，包括生产禁忌、疾病禁忌、生活禁忌、婚姻禁忌、生育禁忌、丧葬禁忌等等。禁忌是一种否定式的命令，专门在告诉人们“在做什么”（如仪式和忏悔）以外的“不得做什么”，本身即包含了行为的禁止性要求，所以许多禁忌本身就是民间法律的规范，全体成员必须共同遵守。

从江县加勉乡的苗族，在农业生产方面，当插秧插到“祖公田”（较大较好的田称“祖公田”，不分祖遗或自置）时，须宰鸭宰鸡到田中敬供，同时还要讲吉利话，否则当年禾谷无收；孕妇禁忌与产妇见面，同时不能到产妇家中，否则怀孕期要延长一月才能生孩子；寨中有人逝世，全寨

① 乌丙安：《中国民俗学》，辽宁大学出版社，1985，第279页。

② 乌丙安：《中国民俗学》，辽宁大学出版社，1985，第279页。

在这一天无论同姓或异姓，均不能从山上挑柴回家，据说“当天如果上山挑柴，鬼就会跟着挑柴者来到家里”。

凯里市舟溪地区的苗族，在结婚时，媒人、送亲照料穿衣的妇女要“四全”[①]的人；再婚时，后妻只能从侧门进家，进家时，原妻的儿子要在家里坐着，以后才能“压住”后母，不受虐待。

侗族过去在生产生活中禁忌很多，现在有了很大的变化。在锦屏县的侗乡，来往礼节有独特的“六不”：一不争路，在路上遇人不争路；二不收过渡钱，不论本乡土人还是江湖远客过渡，一律不收过渡费；三不“踩生”，逢哪家有小孩出生，就留步，不忙进屋；四不架筷，到侗家做客，吃饭不再吃了，不能把筷子架在碗上（与喝油茶不同）；五不进房，家庭女主人的卧室，男客不能乱进；六不剩位，在侗家做客，坐的时候不能交叉脚，架“二郎腿”，起座时，要把坐凳放靠板壁，叫不“剩位”。

禁忌的内容带有个别性的特点，但禁忌本身是有着规范意义的。“禁忌在很多场合是有益的。考虑到社会的状况、

① 即父母健在、子女满堂的人。

法律的缺少和民风的剽悍，它可以相当不错地代替一个独裁政府的职能，并且使社会尽可能地接近有组织。”[①]其实在人类文化或规范的演进过程中，禁忌在不同的国家或民族地区都存在过。它不仅是某一国家，某一民族的个别的、偶然的生活现象，也不是特定发展阶段的暂时的生活现象，而是几乎伴随了人类产生、发展全过程的历史现象。“如著名人类学家弗雷泽在他的名著《金枝》中就列举了很多国家民族的禁忌现象，日本的阿伊努人孕妇不得在产前两个月内纺线或搓绳，否则会使胎儿的内脏拧在一起；印尼的西里伯斯中部的托位查人有孕妇居住的地方，登楼梯的人不能迟疑或停步，以免难产……”[②]因此，有理由说，在没有国家和成文法出现以前，禁忌事实上也必然是人类最早的行为规范，是法律的源头和种子。人类法学家霍贝尔在《原始人的法》一书中说过很能代表法律特征的话：“法律有牙齿，必要时会咬人……没有强制的法律规则是不燃烧

---

① J. G. 弗雷泽：《魔鬼的律师——为迷信辩护》，阎云祥、龚小夏译，东方出版社，1988，第 20 页。

② 王学辉：《从禁忌习惯到法起源运动》，法律出版社，1998，第 10 页。

的火，不发亮的光。”[①] 法律具有强制性、惩罚性，从根本上讲是凭借国家强制力作为后盾的，但法律从禁忌中吸取的强力却是不容忽视的。德国学者卡西尔也说过：“禁忌体系尽管有其一切明显的缺点，但却是人迄今所发现的唯一的社会约束和义务的体系。它是整个社会秩序的基石。社会体系中没有哪个方面不是靠特殊的禁忌来调节和管理的。”[②]

黔东南州苗族和侗族的禁忌在乡土社会中不是特殊现象，但也不是偶然现象。这些被禁止或不允许做的事情，作为当地人的生活规则，久而久之，也就成了维持当地社会秩序的规则，断定是非的一种方式。当少数民族习惯法通过确认某些禁忌，使禁忌具有了法的效力，便能动地保障了禁忌，要求全体成员遵守这些习惯法化了的禁忌，违反时就要给予各种处罚。这无疑揭示了法，尤其是习惯与禁忌之间的密切联系。可以这样认为，民间法在发展过程中，受到了民间禁忌的深刻影响，民间禁忌直接影响着民

① 霍贝尔：《原始人的法》，严存生等译，贵州人民出版社，1992，第 23 页。

② 恩斯特・卡西尔：《人论》，甘阳译，上海译文出版社，1985，第 138 页。

间法及少数民族习惯法的内容、形式。

（二）神判

神判是神明裁判或神意裁判的简称，“其特点是在发生偷盗或其它财物争执纠纷以及通奸等类行为，失主或受害人对被嫌者提出指控但未掌握真凭实据，而被嫌者又断然否认自己有所控之不义行为，清浊难分的情况下，便试图通过一种超自然的力量——以神的意志去鉴别是非真伪”[①]。受限于各种各样的地理环境、生计方式、宗教信仰和其他文化习俗，乡土社会中的神判种类、实施方式呈现出多样性的特点。

黔东南地区的很多村寨都存有各种神判的例子或传说。在剑河县久仰镇久仰村，村中的寨老张学高介绍，当村中发生山林土地纠纷时，一般都是由于自古作为界限的界石被移动或丢失而致。而这些界石在被立的时候都是被赋予了神力的，只有那些没有后代的单身老汉才能立界石，并且会立下毒咒：“若谁动界石，三世挨刀，四世挨枪，五世遭雷打。”村民对此都非常相信，据老人说，曾经有人去移动立过毒誓的界石，结果诅咒就应验了。因为界石的神性，当村民在界

① 夏之乾：《神意裁判》，团结出版社，1993，第2页。

限的问题发生纠纷而又互相无法证明时，双方就会各自买一只鸡，若有一方敢杀鸡并把血洒在他认为是属于自己的这片土地上，那么另一方就会承认这片土地是他的，但如果不是他的，那么那个古老的咒语就会应验在那个说假话的人身上。历史经验是，双方对此都是笃信的，哪方都不敢随便起誓。

家住凯里市旁海镇的潘年汉介绍，在旁海镇，存在着和久仰村相似的用“血祭”的方式来起誓的情况。例如，假如甲和乙曾经达成协议共同做某件事，如果双方在这个过程中发生纠葛或猜忌，那么双方就会砍下鸡头并起誓，如果谁说假话就如同这个鸡头一样，之后双方就会冰释前嫌，不再追究。

在神判中，主持人一般为巫师或头人，若有需要，有的还有证人参加。神判的用品，从其物种、颜色乃至如何搁置都是十分讲究的，有着深刻的用意。如有些地区的苗族在举行神判时，让被告穿红纸制成的衣服，侗族则让犯错者穿红颜色的衣服，因为他们视红色为邪恶（与汉族视红色为吉祥几乎正好相反），通过衣着将神意具象化。

在法律还没有独立、完全地从其他社会控制系统分化出来，担当起它所应当发挥的社会功能之前，神判首先起到和具备了这种作用和功能，这是人类早期发展的共同现象。一般认为，神判是审判制度发展的早期阶段——神示证据制度时期。这时它与法律相似的功能在于对一些事实的判断、对行为的惩治或对当事人的震慑。神判的判断功能来源于多方面的因素，首先是对神灵的信仰和崇拜心理。“神者，有超自然力，保护善良，罪邪恶；此种信念，凡低级文化人类，莫不有之……通行于东西两洋之各民族，殆可谓为世界的现象。”[①] 其次，由于神被认为是公正和无所不知的，所以神判的功能具有不可动摇的权威性，这使得神判展示了与法律相似的另一个功能，即它对败诉方的惩治作用。神判的惩治功能可以是同步的（由于审判方式而同时受到身体上的痛苦），也可以是异步的（在案情结束后对罪犯的惩治）。再次是神判的震慑作用，即预防犯罪。由于人们对神和神判的崇拜、惧怕，即亦对惩治行为的惧怕，往往都会安分守己，处处循规蹈矩，不敢有任何越轨行为。而且，如同禁忌等其他原始宗教和规范一样，神判在适用过程中形成了对一般人行为的规范和引导能力，塑造了一个社会所特有的且为该社会所普遍接受的公正和正义观念，

① 穗积陈重：《法律进化论》，黄尊三等译，王健校勘，中国政法大学出版社，1998，第 18 页。

尽管这种公正和正义观念往往带有历史的痕迹或反映了一个历史时期的特征。

可见，神判与法律形式共同具备了仪式性、传统性、权威性、普遍性，以及习俗、约束力等属性，共同具备了判断、惩治、震撼等社会功能。这些属性使得法律与神判在黔东南州甚至其他还在遵循神判的地方形成了互相交叉的关系，并且在法进入之前，首先是由神判培养了这些属性，担负了这些功能，因此，神判也的确影响了规则的变迁。

（三）习俗与权威

所有的群体都有着自己的风俗习惯，惯习虽不是正式的规则，但它来源于生活，于人们的心灵土壤中获得活力，并在长期的沿袭中深入个体的生活，于事实中实在地产生着规则的意义。黔东南州各个村寨中有各种各样的风俗习惯，它们与乡民的日常生活息息相关，在田间地头间影响着人们的行为选择。

在久仰镇，一年之中由自然人主动提起告诉的案件不到10起。这里保留着很多传统的习俗，例如婚俗。村民结婚不论婚龄，“只要女子和男子住在一起，就算是男方家的人了”，这样的婚姻形式是被村民所承认的，不论双方是否进行了婚姻登记。据在久仰镇政府工作的久仰镇东库村的村民姚功和介绍，2001 年，他们村中的一名男子到大连读书，读书期间与一名在大连打工的村中女子同居，而男子在毕业后又不愿再与这名女子继续保持这种关系，于是提出要与她分开，但是女方不同意并告诉了在村里的双方父母。这样的情况在村里人看来肯定是已经结婚了的，于是女方家父母一直在男方家吃住，而男方家自觉“理亏”就向村委会提出调解，最后在村委会的主持下男方家向女方家赔了款，道了歉之后，这件事才算真正解决。

在村落中，虽然乡、镇政府作为国家机构的代表，但在处理问题时，不能绕过地方和民族的习俗，这是维持地方秩序的必要手段。进一步说，当国家法律在与民间习俗交错的时候，国家同样也不会轻易地忽略习俗而简单执行法律，我们先来看一个案例。

台江县方召镇巫梭村苗族妇女李格略自 1970 年起，长期被当地村民认为“不干净，有亮鬼”①。寨子里只要有家禽

① “亮鬼”对苗家人来说是一种极其邪恶的东西，若提及某家有亮鬼，在当地就没有人会和这家人来往，这家里的男人将无法娶到老婆，女人也无法找到婆家，人人避而远之。

家畜瘟死、小孩得病等都认为是其“放鬼”所致。1986年3月6日，村民李王耶认为其子病重系李格略所致，便邀人闯入李家，毁坏其财物，并将其强拉至自己家中为病人“收鬼”。其间，李王耶将李格略的头巾、木梳丢进火坑烧毁，并殴打李格略致其数次昏迷。恰在此时，病人死亡，李王耶更加气愤，遂带领村民多人将李格略两间房屋及室内家具全部砸毁，抢走鸡10只，并将李家4个小孩赶出家门。台江县公安局接到乡[①]政府报案后，即派人前去传讯李王耶。然而，公务人员到达巫梭村时却遭到村民200多人的围攻。众村民皆相信小孩生病系李格略“放鬼”所致，因此并不认为毁坏其房屋有罪。村干部也建议先勿抓人，“如果政府把人抓走，以后张光林（李格略之夫）家在这里更住不安”。

鉴于上述情况，县委派出县乡联合工作组深入该村开展工作。经过5天的说服和宣传工作，李王耶等主动向受害人赔礼道歉。工作组又组织村民将被毁房屋修复一新。最后，双方摆酒和好。[②]

---

① 当时属方召乡，2016年1月，方召乡才撤乡设镇。

② 郑毅：《试论民族法学本科教学中案例的选择与运用》，《云南大学学报》2013年第4期。

在这个案件中，需要指出的是，妄议的指责是无端的，理应反驳，但如同村干部所言，一时的抓人并不难，难的是调停与协调，毕竟将来大家还要共同生活。此案中，工作组没有简单地“依法追究”被告人的刑事责任，而是通过说服教育使当事人主动向受害人赔礼道歉，赔偿损失，在事实上达成了“事了”，并且将一种可能的群体性对抗在最初便予以化解，这种效果是单纯或只追究一两个人的刑事责任所难以顾及的。不过，在这个案件中，被告人确实有触犯刑法的嫌疑，因此检察院研究室“评析”该案件时认为，如果能在认定被告人犯罪的基础上再行从宽，则更符合“坚持法制的统一性和兼顾民族地区的特殊性这一基本原则”。这个案件的处理方式和处理结果，村民是接受的，毕竟双方已经可以在一个桌子上吃饭了。以此而论，在乡土社会中既要做到法律实践和国家法制的统一，又要照顾地方规则，这就多少意味着存在一个法律上的共商空间。事实上，从一些实际的案例来看，地方司法机构不但明确地意识到了这一点，而且力图在可能的范围内将其实践原则化和制度化。

另外，黔东南州的各个村寨中都施行着“三个一百二（或一百）”的处理方式，也即当村民之间发生纠纷时（或骂架或伤人)，公认为无理的一方只需担 60 千克米、60 千克酒、60 千克肉到对方家中，即算道歉，且算解决纠纷，对方一般都会接收。再有就是，一些村寨中还保留着“赔命价”的习俗，就是说当伤害案或命案发生后，受害方向加害方索取“命价”的规矩。这就是说，判归判，赔归赔，国家的制裁与民间的赔偿并行不悖，加害方需要接受共同生活的群体的处罚才能化解矛盾。

除了规则以外，乡土中的人也是重要的权威感来源。出于对能人的崇拜，乡土社会中的长老或寨老一直在保持着权威感。无论是苗族的“议榔”制度，还是侗族的“合款”制度，他们都有自己的主事人。理老和款首们在苗族、侗族人的心目中是最具权威且不容置疑的。在黔东南州的各个村寨中，村民之间的纠纷是很少出现的，不是说不存在争执，而是说较少有纠缠。例如在久仰镇久仰村，村民之间的借贷，只要是在 1000 元以下的借贷都不需要出具文字证明(1000 元在村中可是一个巨大的数值)，没有人会赖账。如果长期不还，那么债主就会去借款人家中拉猪拉牛，借款人不会阻止，也不会不承认，只会自认理亏。偶然纠纷只会因为村民在喝醉酒了之后伤人，而这时，伤者就会直接来找村里最有威信的寨老，要他出来主持公道，这个老人就会找来村里其他有威信的老人共同组成一个委员会，商量好以后就会让伤人者“抬酒、肉”（数量多少并不重要，主要是一种仪式）到受害者家中赔礼道歉，这样纠纷就算解决了，无论是伤人者还是被伤者都不会再造次。哪怕是生活中的琐事，比如离婚也是通过寨老的主持来完成的①，“这样村民才会承认”。

其实，这些规范虽然看上去无序甚至难以获得普遍的

① 在久仰村，结婚和离婚都是不受约束的事，只要双方觉得不适合再在一起生活了就会很自然地提出离婚，也没有人会觉得这是什么丢人的事情。离婚的时候双方会请来自己家里的老人（一般是双方的父亲）和另外一个村中的寨老作为证人（一般要给证人两三块钱的“脚板费”）来见证仪式。他们的仪式也非常独特，仪式进行之前一方会找来一个竹筒，当夫妻双方在众人的见证之下商量好离婚事宜之后（在财产方面，一般都是女方带来的嫁妆由其带回，男方为结婚而置备的财产就归男方；在子女方面，一般是子女都留在男方家，但如果子女年幼，女方又愿意抚养的则随女方走，子女的生活费用由男方负责），就由见证人破开竹筒，离婚双方一人拿一半，作为双方对离婚事宜达成一致的证据，日后若有人反口就要双方拿出当初离婚时破开的竹筒，如果竹筒能吻合就以当初立下的规矩为准。仪式完成之后，离婚的双方会很和气地最后一次吃饭、“扯酒”（即双方交换酒喝），然后说“以后你走你的路，我走我的路，各不相干”。这样双方就算正式离婚，以后各自嫁娶，互不干涉。

认同，但它们都在特定的人群（群体或社区）范围内，对其成员具有一定的外在强制力。尽管这种强制力不像国家强制力那样普遍和强大，没有国家这种组织的物质强制力的特征，也不能够对已经发生的事做出追溯处理，但它与国家强制力一样，能够给背离者带来难以抗拒的损失。如果一个人违背了这些规范，而同时在组织上又不能离开这些团体，或者在地域上不能自主离开这些社区，那么，他以这些团体或社区作为资源环境所获得的利益，就会因自己受到人们的蔑视、排斥而损失，即原有利益关系会断裂和期望的未来利益不能实现。[①] 如此就不难看出，这些习俗以某种权威的方式出现，而权威又以某种方式维护了习俗的施行，它们的互进互促导致的必然结果就是，习俗或权威都不会在短时期内消失。

（四）村规民约

国家法关注的是共性，有着一般性调整的普遍意义，无须并且也不必关注特性。地方、乡村是差异化的，虽于普遍意义而言具有特殊性，但于本地而言却也是具有普遍

① 黄建武：《法的实现——法的一种社会学分析》，中国人民大学出版社，1997，第 130 页。

意义的，仍然需要其他规则予以补足调整，这是一种共性与特性的结合，是法治的融合性特点。

黔东南州各个村寨都制定有自己的村规民约，在西部其他地区的大部分村寨中也都有此类规则。村规民约是原始习俗的现代传承，它们都有非常强的地域性和针对性。村规民约是典型的民间规则，由于它们均由村民自己制定，因此其中囊括了各个族群、村寨的好恶、习俗、禁忌和纠纷解决方式，所以在村规民约中最能体现地方价值取向和规则维持方式。笔者现以2002年台江县革东镇[①]光条村制定的村规民约为例来进行分析。

光条村村规民约

第一章　防火安全

第一条：严禁易燃易爆物品进入村寨，违者罚款20元，物品全部没收。

第二条：堆放的稻草、麦秆草等易燃物品必须远离村寨30米以外，违者限五天之内搬迁，逾期不搬迁的罚款10元，

① 2003年6月18日，台江县革东镇划归剑河县。

抗拒不搬迁的罚款 20 元。稻草、麦秆草等物品全部没收。

第三条：发生寨火警，一起罚款 50 元。

第四条：发生寨火，造成重大损失的，除交法律机关处理外，还要罚款 400 元。

第五条：失火烧山 10 亩以下的，违者罚款 20 元，10 亩以上的罚款 40 元。烧死 10 公分—20 公分以下的松杉树木，每根另罚款 100 元，20 公分以上的每根罚款 200 元，还要责令违者补栽损失株树的二倍，造成重大损失的交法律机关处理。

第二章　治安管理处罚

第一条：诬陷他人有亮鬼的，违者造成严重后果的，除交法律机关处理外，还要罚款 60 元，另修赔被诬陷者三个 100（酒、肉、米各 100 斤）。

第二条：凡搞家族派性以势欺人，聚众斗殴，打群架的，违者造成严重后果的除交法律机关处理外，还要罚款 100 元，死人的还要负责死者的安葬费、抚养费（按国家规定标准）。伤人的，还要负责伤者的治疗、住院、伙食、营养、车船、护理、误工费。

第三条：借酒发狂，喊村骂寨，乱骂村组干部村民和随意出口伤人的，经劝阻不听的，违者罚款 50 元。

第四条：殴打他人的，违者造成严重后果除交法律机关处理外，要处罚50元，造成伤亡的按本章第二条规定处理。

第五条：故意扰乱社会和公共秩序的，违者罚款30元。

第六条：偷开鱼田的[①]，违者白天罚款30元，夜间罚款60元，鱼退回原主，造成粮食减产的要赔偿。

第七条：偷猪、牛、羊、狗，违者罚款60—200元，原物退回原主，原物不在的按市场价折款赔偿。

……[②]

第十四条：乱搞两性关系的，如女方已有配偶，与其发生性关系的男方必须向女方配偶的家属修赔三个120（酒、肉、米各120斤）。如违者女方的配偶家属需要女方修赔的，另行协商处理。但违者的男女都要罚款60元。

第十六条：对举报人、证人或因其他原因进行打击报复，乱砍庄稼，毒死牲畜家禽，违者除交法律机关处理外，还要赔偿造成的一切损失，另处以罚款400元。

……

① 黔东南州的农村在种植水稻的时候，会同时在田里养鱼。

② 都是对盗窃的罚款规定，在规定罚款的同时都要求返还原物。

第五章 调处纠纷

第一条：民事纠纷，先由组调处。但双方当事人应事先交调处费 15 元，经调处后谁有理退款给谁。移交村调委会调处的，双方当事人事先要交调处费 20 元，经调处谁有理退款给谁。

第六章 奖惩

对违反本村规民约者敢于检举、揭发和捉拿交村委会处理的村民，在政治上给予表扬、鼓励，在经济上给予奖励。从违反村规民约者罚款中提取百分之五十给予奖励。

本村规民约由组长、村委会负责执行。

革东镇其他村寨的村规民约大致都与光条村的规定相似，都花了大量的篇幅来规定各种盗窃行为和违法行为的罚款。这些罚款的特点是对罚款的数额都规定得非常详细，例如上述的光条村村规民约对失火烧山的罚款详细到树木的大小，还有在交东下寨的村规民约中规定："发生火警户：①烧着物品的罚款 60 元。②烧着楼板或墙壁的罚款 120 元。③烧着一栋房子的罚款 300 元。④造成重大损失的，交司法机关处理。"交东上寨村规民约规定："偷进屋盗窃的，十六岁以上的人处罚500元，十岁以上至十六岁以下的人每次罚200元。”这些条款都充分体现了中国传统法律中的重刑轻民的特点，其中关于民事纠纷的条款只有几条，而大部分篇幅则聚焦于对偷盗等行为的处罚。

另一方面，这些村规民约的一些罚款规定也让人摸不着头脑，如前所述，为什么“偷开鱼田的”，怎么“白天罚款30元”，而到了夜间就要“罚款60元”了呢？而其中的“三个100”或“三个120”为何又能起到调和作用的？这些都反映了村民们在制定这些村规民约的时候是没有什么逻辑思维的，缺乏统一的、稳定的法治观念，想到要处罚什么就制定什么，没有对未来可能发生的事情的估计，也没有对此时可能出现的新的问题的考虑，一切的罚则都是在他们可想象的范围之内的。

再就是在这些条约中有大量的可能越权的规定，如“殴打他人的，违者造成严重后果除交法律机关处理外，要处罚50元”等此类的规定时常可以看见，这就是说违者在这里要承受“双重罚则”。在承担法律责任、事情完结的时候，问题却没有真正地结束，只有在受伤害的村民或其家属能够面对面地、直接地与违者对话，而且他们真实地感到违者因此而付出代价之后，才算真正的“解了气，完了事”。这看上去似乎是不合乎逻辑的，但当你质疑这些看似没有太多条理的规定是否真正能运作时，司法所干事认真且肯定的态度又让你不得不相信，虽然这些习惯看起来似乎是脱离了紧密的因果关系，但它们并不因此丧失逻辑性，至少在当地村民思维中，这些习惯是合乎逻辑的，并且切实地保障了村里的和谐和安全。这些看似不合乎“方法逻辑”的规则，恰恰合乎了村民的“思维逻辑”，而这些规则又恰恰适用于这些信仰它的人群，所以一切又显得再“合理”不过。

第三章　重新审视民间秩序的内在价值

国家治理重在过程，治理的方法是结果走向的关键，国家的治理更是强调目标导向的方法，对此我党予以了反复多次认证。民族制度无疑是其中的重要构成，尤其是中国这样一个民族多、地幅广的超级大国，多元化的规则更是在其中担负着关键性角色。因此，用尽用好民间规则，定能有助于推进国家治理体系和治理能力现代化。好用是一种概括，是理想形态的制度复刻，恰如韦伯的经典概括："抽象理想类型的建构不是作为目的，而是作为手段而受欢迎的。"[①] 民间法的方法本质，意味着它有更重要的价值，存在着理想形态以实现多方预设功能。

---

① 韦伯：《社会科学方法论》，杨富斌译，华夏出版社，1998，第188页。

第一节　由上而下：实现善治

对于国家而言，治理是一个中性词，善治则是治理的目的与效果。治理作为概念，最权威、影响最大的定义始于全球治理委员会1995年发布的《我们的全球伙伴关系》研究报告："治理是各种公共的或私人的个人和机构管理其共同事务的诸多方式的总和。它是使相互冲突的或不同的利益得以调和并且采取联合行动的持续的过程。这既包括有权迫使人们服从的正式制度和规则，也包括各种人们同意或以为符合其利益的非正式的制度安排。"① 就治理本身来说，在结果上有着正向和负向的不同效果，国家的治理显然是奔向正向的效果而去的，即"在一个既定的范围内运用权威维持秩序，满足公众的需要。……运用权力去引导、控制和规范公民的各种活动，以最大限度地增进公共

① 陈进华：《治理体系现代化的国家逻辑》，《中国社会科学》2019年第5期。

利益”[①]，目的达至，便为善治。

民间规则的结构和目的本就契合了善治之意。善治，本质上为“治”，这自然是个自上而下的过程，不过在“善”的目的下，“治”有了导向性分流，既要实现治者之意，又要实现被治者之益，就此而言，民间规则的特点与之可谓无不相符。一方面，作为地理意义上的民间，民间规则的建构目的即为因地制宜，切近地方利益；另一方面，民间规则虽然加盖了少数与边缘的语义，但又紧紧包裹于国家之下。这种形散而实紧的结构，让规则与利益能在交织中相互融合，共同促成良好的治理效果。

亚里士多德曾说：“事物如为数过多，就难以制定秩序。为无定限的事物创制秩序，只有神才可能……”[②]此言甚是。因为大国难治，所以古希腊推崇一种规模与功能相匹配的城邦制度，但以这种制度模式为衡量标准，自然难以适用于全世界。当中华人民共和国以一个人口众多、民

① 俞可平：《治理和善治：一种新的政治分析框架》，《南京社会科学》2001年第9期。

② 亚里士多德：《政治学》，吴寿彭译，商务印书馆，1983，第354页。

族繁杂的超级大国的身份着陆新纪元时，是没有对称经验的。因为治理难度史无前例，所以作为中国国家治理最重要的顶层设计——法治，可算得上是人类史上的高难课题，难度无以枚举，总因可以归之为古希腊所忌的“大”。因为大，所以要消耗巨大成本。于是，在中国的法治的顶层设计中，如何能降低成本、提升效率便成为课题攻坚的关键。过去，在统一的调配中，虽然获得了整齐的效果，但也付出了巨大的成本，况且，对于形形色色的人来说，可能一致性并不是其所需，差异性才是。所以，当民间规则以参差的形式剥离出高度集中的立法体制，便立刻被寄予了发展厚望。而这些期望，在转型、现代化的明灯下，越发清晰地显现出民间规则推进国家法治总体进程的能力。

（一）可以在过程中达致协调

治理强调的特征是：“治理不是一整套规则，也不是一种活动，而是一个过程；治理过程的基础不是控制，而是协调。”[①] 中国的法治特点与之如出一辙。中国地大物博，法治既要处理地域关系，又要处理族群关系，这不是一锤子

① 俞可平：《治理和善治：一种新的政治分析框架》，《南京社会科学》2001 年第 9 期。

买卖，是一个过程，其间不仅需要控制，更需要协调。这种长时的、又松又紧的关系，可以说与民间规则的特点不谋而合。地方的要求是复合的、民族的需求是多样的，但民间规则可以最集中地反映民间的各种需要，并且利用实践的控制功能使之与国家政治系统形成一个序列关系，转为国家法治系统中的一个子系统。这种基础性的有益要素，既可以从技术上实现法律发展的安定性与变化性之间的协调，又可以从功能上实现政治的合法性和法律合法性的协调，为法治的整体推进提供不可或缺的内化养分。

（二）可以降低国家的治理成本

任何一种由中央主导的“自上而下”的治理模式，都必然会产生为保证实施而需的巨大成本，其中有显性成本，也有隐性成本。显性方面的成本表现为人力、物力、财力。在垂直管理中，虽然主意是中央拿的，但是具体实施还是要落到与详细事务接壤的地方，这里面需要穿越层层机构。为了避免上传下达的“失真”，同时也为了防范“悬置”与“敷衍”，中央就需要建立庞大的派出机构、信息检测体系等等，成本巨大。除了这些看得见的成本外，顶层控制还有一些看不见的成本。比如说，启动改革的消耗。以中央作为主体启动的改革，要么是问题已然足够“严重”，要么是以全国为范围。然而，“严重”只是锐角的上端，整体性的变革是极少出现的，事实生活中，大量小规模的社会问题才是常态。所以，当发展迫切需要改革时，整体性的改革无论是试验还是变革，都是极大的内耗。既然问题的前端处于地方，那么把相应的决策权交给参与交涉的一方，将大大降低治理成本，同时也可以明显缓解顶层的治理压力。

（三）可以提升法治的信息对称性

从效率的角度来说，越是复杂的交流越是需要对称的信息，信号桥只有在适配的路由器之间才能搭建。随着多元乃至数字化时代的来临，信息的全方位发射使得信息死角逐渐消失，然而，鉴于国家辽阔的地域范围，这导致了中央与地方的交流成本高昂。信息的不对称，使得执政高层对地方的差异性了解甚少，导致中央向地方发送的法律产品很可能因为难以兼顾地方文化、诉求目的等殊性而偏离了法治的目的。据此，依据“决策权的掌握应当最接近受决策影响的群体的原则”[①]，具有决策权力的机构在做出决策时，应当确保

① 这是欧盟的一项基本原则。

其决策内容尽可能地贴近和符合受该决策直接影响的具体事务。由此延伸，将地方事务交由地方来制定规则和管理，将大大提升信息的对称性，提高法治的效率和效果。

第二节　由下至上：权益保障

权益的保障既可以守邦固土，夯实国家治理的底层力量，又可以如同春泥沃地，滋养顶层建设。国家治理体系现代化，是指运用一定的权威对公共范围内的公众及其活动予以引导和规范的平衡过程，这一过程的关键，在于平衡个人利益、增进公共利益的现代化的关系。从部分而言，基层群体，既是法治的调整对象，也是法意的直接的权益主体，是最为直接的利害关系人，所以，民间规则最为关心的问题无疑是如何实现权利和保障权利。从整体而言，民间规则作为国家均衡构建的重要内容，对个体权益的立法关注，不仅仅是对这个群体的增益项，它已然是国家治理现代化的必要选项。

一、夯实国家治理的“底层力量”

（一）明确且具体的实然功能

虽说民间规则的存在已经成为不可否认的现实，但其是否有存在的价值，又或者说它的存在对社会维护的意义在哪里呢？首先，我们来探析一下民间规则的特点。

（1）植根的乡土性。民间规则不是成文的正式立法，而是孕育和根植于民族和乡间的习惯之中，它是高度的地方化和乡土化的，所谓“一方水土，一方风情”。

（2）内容的生活性。民间规则紧紧围绕着民族的生产、生活日常事务，如婚嫁丧葬、节日喜庆、人情往来等，多偏重对私有财产、婚姻家庭及本地区的生产资料的保护，其内容大多朴实、简洁且易于操作。

（3）程序的非正式性。很多民间规则，不仅没有对相似的问题进行明显的区分[①]，实体内容和程序内容混杂，而且大多没有严格的正式程序手段可供遵循，普遍重视运用“调解”手段解决纠纷，而调解者往往不是特殊的专家，而

① 对此，梁治平在《乡土社会中的法律与秩序》中有详细的分析。

是双方都接受的亲戚或当地的首领。

（4）管辖的地域性。民间规则出自特定社会区域的群体和组织，只对该地区的全体成员有效，作用范围非常有限，有的仅适用于一个民族村寨，没有国家法律那种普遍统一的效力和权威，正所谓“千里不同风，百里不同俗”。[①]

（5）运用的内控性。民间规则很大一部分是在长期的社会生活中逐渐自然形成的，有些是通过共同议定和约定而成的，没有什么外部力量的干预和敦促。它的产生源于人们的社会需要，其运作主要通过口头、行为、心理进行传播和传承，靠的是一种情感、良心的心理认同和利益取向的共同性以及社会舆论。

（6）存续的恒久性。从民间规则的特点中不难看出，它是根据乡土社会和民族地区的特殊地理环境、独特的民族主体，逐渐演变形成的一些特殊的生活方式和行为模式。这些规则在国家制定法进入村落以前，一直在以它自己的逻辑“管理”着这些特定的区域，而这种“管理”的合理性已经被这些区域内的“被管理者”认可并得以遵行，进

① 田成有：《论国家制定法与民族习惯法的互补与对接》，《现代法学》1996年第6期。

而已经转换为他们的内在思维逻辑。正是这种互动作用，使得国家法律进入这些区域的时候，发现这里已经有了规范系统，并且这些规范已内化于当地居民的规则信仰中，无论是通过“送法下乡”的方式，还是强硬地实施同一调整，其结果都证明了这些内化的信仰都没有出现会被彻底驱走的态势，正如孟德斯鸠说的那样：“如果用法律去改变应该用习惯去改变的东西的话，那是极糟的策略。”①

具体说来，民间规则的存在有如下理由：

（1）弥补性。人的理性是有限的，人生产出来的法律产品也受控于这种有限。再精细的法律规章也无法完全涵盖社会的各个方面，对市场过程中的种种交易活动给以精确的规定，我们得承认社会结构存在弹性空间，法律规范存在“真空”区域，因而民间规则的存在能弥补制定法的不足。

（2）转化性。民间规则往往是根据习惯、传统等制定和创立的，它通过被人们反复适用、采纳而逐渐被人们认同，因而在一定条件下它很管用。民间规则如若合法化、

---

① 孟德斯鸠：《论法的精神》上册，张雁深译，商务印书馆，1997，第 310 页。

成文化、规范化后，就能转变为国家正式法，进而推动和保障国家制定法的顺利实施。[①]

（3）共生性。刚性的成文法要产生作用，必须通过反复地适用和检验，人们普遍共同遵守形成惯例后才能真正生效。也就是说，制定法于实践中产生效用，不是也不能完全是依靠国家的强力就可以，国家法得深入民间，接受民间社会的检验与评判。在现实社会中，我们就注意到，一个人往往不是通过对各种法令条文细节的熟悉与记忆来掌握法律，而是通过亲身观察和体会法律、法规运作的实际效果，从习惯和心理上接受了这些法律，才保障了法律的有效性。

在社会控制系统中，各类规范机制的功能是经常互相交叉渗透、共同协同作用的，它们分别从不同的角度表明人们向社会提出管理模式的不同要求。过分倚重国家制定法的控制手段，轻视民间规则的作用，社会控制机制就会失衡，不利于从根本上圆满解决问题。民间规则的存在，在一定时期和一定范围内丰富或弥补了国家制定法机制的不足，成为一种有效的补救手段和协同方式。民间规则是国

---

① 田成有：《乡土社会中的国家法与民间法》，《开放时代》2001年第9期。

家制定法的“延伸”部分和重要的支持系统，是社会支援和规范控制的一个重要源泉，是乡土社会和民族地区基本的聚合力量，它的合理利用是维持社会秩序在常态下运转的重要保证。

（二）落实对权利的应然期许

行动都是有目的的，何况是长期沿袭的规则。根据实践，民间规则涵盖了经济、社会生活的方方面面，既提供了文化保障，又促进了经济自主，在权益保障方面已然取得了可喜的成果。对此，宪法以充分发挥地方积极性的原则性规定为民间规则的创设预留了广泛的空间。通过制度的预先设定和立法的明确引导，民间规则的权益保障目的被赋予了应然的期许。无论从哪个角度看，民间规则都在为这一目的而努力。

首先，权益的保障是民间规则的本义。一个能够长期被地方接纳和坚持的规则，必然以重视权益保障为基础。民间规则优势就是承认差异、包容多样，求同存异、异中求和。民间规则大多有着悠久的历史，在长河滚滚、日月交替中，这些特定性的规定积淀了光鲜而厚重的文化底蕴，同时也将价值观念、行为方式等深深地根植于人们的日常生活之中。对特定群体以特殊对待并非现时才有，早在大一统之初，商鞅便云："各当时而立法，因事而制礼。立法以时而定，制、令各顺其宜，兵、甲、器备各便其用。"[①]如此"治世不一道"的经验在中国历史中薪薪相传，历历印证"无论是'异中求和'还是'和而不同'，都力求协调'和'与'不同'之间的相互关系，都认识到了民族平等与和谐对国家政治稳定的重要意义"[②]。既然本有异，自然需求不同。所以民间规则对特定群体给予特殊的权利，等同于制度本义。民间规则作为嫁接国家与地方秩序性的保障和实现手段，确立和保护特定群体的特殊权益，是法律对客观现象的理性综合。在几十年的实践中，国家法与民间法的互动多次化解冲突、巩固认同，在融合情感的同时，推动了经济、社会的全局发展，对国家的整体繁荣来说，功不可没。

其次，权益保障是民间规则的必要手段。和所有的特别法律现象一样，民间规则有着特殊的适用对象，自然就

---

① 商鞅等：《商君书》，章诗同注，上海人民出版社，1974，第 3 页。

② 常世訚：《异中求和：当代族际和谐治理的新理念》，《中国行政管理》2009 年第 7 期。

有着特殊的权利内容。法理中有着形式平等和实质平等之争，但之于治人的制度而言，纯粹意义上的平等处于意念领域，是一种形而上的领域，但即使是在形而上学的创立者亚里士多德的眼中，在“人是政治的动物”的定义下，平等也应当由分配正义和矫正正义交织组成。所以，对于特定或特殊群体，给予特殊的权利，才是对“法律面前人人平等”的奔赴。当然，“法律面前人人平等”是有形式平等的意义的。同为血肉之躯，自然应不分人种、不分民族、不分性别地共享着普遍意义上的人权，这种权利是矫正式的，来源于自然。但作为政治动物的人，更重要的身份识别是社会人，因此，分配式的权利也是人之权利的当有之义。同理可通，对于有着特定的历史传统和文化背景的特定群体而言，仅仅只有一般意义上权利保护是不够的，“在许多国家日益为人所接受的是，有些文化差异形式只能通过超出一般性公民身份权利的特殊法律或宪法措施来予以包容。只有当一些群体的成员拥有特定的因群体而不同的权利（group-specific rights）——艾丽斯·扬称之为‘差异性公民权’（differentiated citizenship）（I. Young 1989：

258)——时，某些群体差别形式才能够得以包容”[①]。个体是在认同中融入群体的，而特殊权利的赋予是拉平差异的最重要手段，所以特殊权利保护才是差异统一的制度推行意义之所在，也才是法治的意义之所在。

（三）实现底层的反哺

1. 给养：权益保障能巩固国家认同

在一个多元共同体中，有益的共存是分层的，首先是处理好“自我”与“他者”之间的和谐共处，在不损害他者的基础上保持自我的文化和生活方式的共融，而后才能促生出更广、更具包容性的政治认同。民间群体的多样性，对于这种认同有着天然的要求。对于特殊群体来说，认同相当于接受和融洽了他们所特有的行为规则乃至价值观，这种认同对于特定群体来说，不仅是一种客观接纳，更是一种主观荣誉感的体现。相较于个别群体认同的多样性，对国家的认同则是同一的，这两种方向表面上看是相左的，但从实现意义上来说，这恰恰是法律共同体的功能意义所在。在一个法律共同体中，结果的导出往往都是通过多向

① 金里卡：《多元文化公民权》，杨立峰译，上海译文出版社，2009，第 34 页。

获得，本同末离是其特点。因此，在这样一个共同体中要实现同一的效果，需要也能够通过赋予多样权利才能达成。

对于多民族国家来说，顶层的稳定是终极目标，是现代法治的核心价值。中国一直以来都有多元的文化传统，历史的归因为民间规则保了驾，所以如何将多族群的血缘认同凝结起来形成政治认同，这道题法治能回答。民间规则依权而生，立法可以根据各地少数惯习将原则性的规范具体化，使那些看似特殊的、陌生的规则通过立法变成合理的、通俗的权利，而后经由法律权利的到位，让那些原来可能个别化、波动性的认同借由法律的安定和普遍性变得规律而自觉，使政治认同和法律认同在此得以统一和协调。“当个人深信习俗、规则和法律是正当的时候，他们也会服从于它们”[①]，从而唤起民众“对统治者合法性的信仰，即培养观众对国家政治体系的认同心理”[②]。民间规则对少数群体权利的设定和保障，是制度的优势，也是制度的价值。

---

① 道格拉斯·C. 诺斯：《经济史中的结构与变迁》，陈郁、罗华平等译，生活·读书·新知三联书店，1997，第 12 页。

② 金太军、姚虎：《国家认同：全球化视野下的结构性分析》，《中国社会科学》2014 年第 6 期。

2. 逐弊：权益保障可降低变法风险

发展的全球经验说明，现代化形成于两种途径：一种是通过社会内部自发演变促成现代化，一种是通过外部强力变革促成现代化。二者都是现代化产生的重要方式，但前者耗时很长且不可控，而后者短时即可变现，所以被广为采用，因为它常常通过变法实现，所以有学者称之为“变法模式”[①]；与之相对，由于前者是自发产生，所以可以称之为“自发模式”。变法模式虽然便捷有效，但它也存在固有风险：一是变法是后发模式，以法去创造关系，这就很难避免法与客观需要和现实发展的脱节；二是立法虽然有成本，但与其通过创制的可能获利相比，成本是可以忽略的，因此，立法恣意是很难自控的。所以，当今立法世界出现了一些怪象，比如说法律变多了，规矩却变少了，法律越多，社会负担越重。变法风险是个大问题，但是与民间法的规则特点相伴的对群体权益的关注却能从多个角度降低此类风险。

首先，权益保障可以变迁推进变法进程。自发模式促

---

① 周汉华：《变法模式与中国立法法》，《中国社会科学》2000 年第 1 期。

成现代化耗时长，但正是由于有了时间的沉淀，规则在摸爬滚打后遍及世人，从规则中长出法律，无须推广，守信程度很高。这些特点正是民间规则的写照。我国乡土社会中的习俗历经千百年传承，他人看着特殊但于自己却是常理，而且是硬道理。所以以这些习俗来解决纠纷的时候，反倒不需要强制，而且还能普遍实现司法所追求的“案结事了”。也正是由于乡民存有着大量自发演进，所以民间规则的传统才赋予特定群体以特殊权利保障，这是一种自发模式下的形成，而这种形成与变法模式的交织，可以变迁推进变法进程，降低变法风险。有一些典型的实例可以证明，例如自治法规中各种变通的实施，降低了法定婚龄、认可了特殊婚俗、扩大了继承范围，这些都大大降低了少数群体的抵触情绪，既接受了特殊又普及了一般。再比如说乡土社会中通行长者能人调解纠纷，法律制度对此也多有认可，“坎下法庭”“鼓楼法庭”“歌师调解”等等在结案上有着实效，这些不可不谓统一司法中调解之雏形。总之，自发与变法交叉是消解变法弊病的良药，而族群权利的合理行使是其中的一个有效手段。

其次，权益保障可以控制变法中的逐利扩张。通晓统治智慧的人不难找，但赋之以最高权力后仍能贯之智慧的人却难觅，有权无界，欲壑难填，人如此，机构亦是如此。柏拉图的政治实验溃于人性，法治成为世之公律，但立法权又何尝不是一个新的权力租界呢？立法在本质上仍是权力，一旦立法者掌握变法模式，必然会以立法的方式扩大权力并转移风险，自利难控。故此，权力是需要他控的，其中，权利无疑是最好的栅栏。20 世纪 60 年代到 80 年代初，中国为了增收，大规模砍伐林木、开采矿产，导致资源尤其是主要河流的生态环境遭到持续性的破坏，大部分乡十都位列其中。1998 年，我国多省遭遇严重的洪水灾害，创巨痛深。今天来反思这段历史，可以进一步认识到民间惯习的意义。民间规则中对民族地区的草原和森林大多有着明确的保护、建设、禁止破坏的规定。历史和地理原因，长居于乡土社会中的族群惯于种林护林[①]，所以一直以来森林、林木都是民间惯习的关注重点。对此甚至立法中都多有对护林惯习的吸收和认可，例如《西双版纳傣族自治州

① 森林甚至对于一些少数民族还有着宗教的神圣意义，例如傣族信奉“龙山林”，视森林为第一生命，世代传唱着“没有森林就没有水，就没有稻田和人类”，且世代遵循祖训。

自治条例》(1987)等很多自治法规一早便立有若干关于环境、森林、河流保护的条文，并且在一些单行条例中进行了权利的变通设定，其中有的得到了贯彻，有的没有。例如《黔西南布依族苗族自治州执行〈中华人民共和国森林法〉变通规定》(1996)中“造林实行谁造谁有，允许继承和转让”[1]的规定有效促成了当地林木的保护与扩种等等。不同于其他权利设置，民间规则的传统在初始就赋予了特定群体富有张力的自主视野，这些权利在民间规则中的展开，对于权力的扩张起到了控制和平衡的作用。以史为鉴，若是重视对特定群体的规则创设，贯彻保障长时惯习的经验输出，一些发展中的祸端是可以摁住的。

---

① 《黔西南布依族苗族自治州执行〈中华人民共和国森林法〉变通规定》(1996)第四条。

第四章　统一法治与多重民间规则的共同发展

第一节　制定法与民间规则的互异

制定法的普遍性特征是法理共识，“法律的对象永远是普遍性的……法律只考虑臣民的共同体以及抽象的行为，而绝不考虑个别的人以及个别的行为”[①]。国家法的普遍性、统一性和强制性是基本的常识，但在一个复杂的多元社会，尤其是在中国西部这样一个多民族混居、乡土文化繁盛的地域，多元规范或多元秩序又是客观存在的基本事实，法律不是万能的，而且事实证明，法是一种多样性的结论，“即使是在当代最发达的国家，国家法也不是唯一的法律，

① 卢梭：《社会契约论》，何兆武译，商务印书馆，2003，第46—47页。

在所谓正式的法律之外还存在大量的非正式法律”[①]。法治对统一性的要求，民间秩序多重性的现状，使得在西部推行的法治与当地已有的民间秩序的碰撞已成为必然。事实上，在一个主要以城市社会的交往规则为主导的国家法律体系被确定为标准的、现代的参照物之后，这本身就预示着地方性冲突的潜在性。

正如前文所提到的，由于西部习俗盛行且法律的调控功能不强，现代法治的统一规则秩序一进入地方便面临一些新的情况和新的问题。例如，在黔东南地区，一些苗族和侗族聚居区仍然保留着“议榔”“侗款”的遗俗，显然这些都不是正式法意义上的规制方式；一些禁忌和神判仍然以规则的形式调整着社会秩序，并发挥着法所特有的社会功能；尤其是一些乡土规则和民间习俗在秩序调整领域仍然持续保有着解决纠纷和确立规矩的作用；再有，作为传统习俗的现代传承，村规民约在各个村落中普遍施行，并且在很大程度上起着调控本地争议的作用。民间规则的简洁性和实用性，兼具了深刻的群众心理基础和群体信仰，

---

① 梁治平：《清代习惯法：社会与国家》，中国政法大学出版社，1996，第 32 页。

使得这些规则都不会在短时间内消失。而民间规则本身是复杂多样的，它被使用的结果直接促成民间秩序维持手段的多重性。这就是西部社会的运行现状，这一现状的运作也正好表明了民间规则和国家制定法存在着差异。现状是事实，但事实不是结论，法治的发展是一个全方位的面向，总是会遇到这样或那样的问题，而这样的现实状况所产生的问题是，西部的法治发展需要正视法治与民间秩序的调适问题。

针对这些现象，梁治平先生提出这样的认识：一个不同于正式制度所构想和以次构建起来的乡村社会的秩序是存在的，乡民所拥有的规范知识并不因它们是传统的就一定是落后和不合理的。事实上，主要是通过宣传和普及等方式自上而下灌输给乡民的国家法律，远未内化为乡民自己的知识，而这些令乡民感觉陌生的新的知识，也未必都是他们生活和解决他们问题的有效指南。因此，我们重要的是去了解农民的生活世界，努力理解和尊重他们的自主选择。[①] 苏力先生对此也有同样的感叹：由于种种自然的、

① 梁治平：《乡土社会的法律与秩序》，载《乡土社会的秩序、公正与权威》，中国政法大学出版社，1997，第465页。

人文的和历史的原因，中国国家权力至少在某些农村乡土社会的影响力是薄弱的。西方法治观念成长于陌生人或个体主义的假设中，在“熟人社会”中，前述语义的意识基础将难以适配。[①] 正如两位学者的“知识传统说”和“本土资源说”所指出的，民间规则生于斯、长于斯，是国人固有的法律经验，在当前以及将来的很长一段时间内都不会彻底退出社会的舞台，尤其是在充满多种知识规则的西部。因此，要在西部推行统一的国家法律治理，那么，它与民间秩序的交错和对接就成为必然。

制定法和民间法是互异的，但互异并不意味着互斥，恰恰相反，互异反而对它们的对接有着辩证的发展意义。黑格尔在论及人的认识能力的时候，认为人可以通过正题、反题及合题的辩证思辨，达致绝对精神，发展知识甚至能帮助人认识到康德语义中无法窥至的物自体本身。在辩证法中，知识的发展乃至世界的发展都是在存异的基础上进行反思，而后在取长补短、相辅相成中得以展进的。是以，存异是知识的特点，也是知识发展的基础和逻辑起点。虽

① 苏力：《为什么送法上门》，《社会学研究》1998 年第 2 期。

然制定法和民间法有着范畴差异，但这也是两种规则手段共同进步的一个隐性优势，一个先天优势。历史经验中，若干分离的命题的互进都在标示着这一特点，例如大陆法系和英美法系的互动、新分析法学派对法律渊源和法律方法多元化的承认等等，制度的共同进步正是得益于它们之间的不同。正如“比较者从等同走到不等同，又从不等同回到等同，使一个消失于另一个之中，事实上就是两者的否定的统一”[①]，国家制定法与民间法的差异是它们的不同，但也是它们互通和融合发展的逻辑起点，它们之间不是对立的关系，而应是互动发展的关系。

第二节　法治与民间秩序的融合与转化

一、现状分析

可以这么说，传统的乡土社会从整体上讲是在疏离和

① 黑格尔：《逻辑学》（下卷），杨一之译，商务印书馆，1976，第42页。

弱化国家法律的，在这些区域中乡土规则显得活跃和兴盛。但进入20世纪80年代以来，商品经济的发展、契约意识的觉醒和不断强化，激发了人们对自己合法权利寻求法律保护的内在需求。于是，这对相异的角色发生了根本的变化，如黄宗智教授所说，“不管是通过党支部书记还是生产队长，每个农民都直接地感受到了国家的权力”，“最重要的关系已经改换成国家政权与农民的关系”。[①] 尽管如此，民间规则仍因既简单又能帮助村民们而获得最大的效益，仍然在默默之间“内化”成为村民心中非常管用的制约机制，且不会在短时间内退出村落这片领域。

当然，国家法律和民间规则之间存在着很多的对立面和相异的地方，但就算是它们之间存在着再多的不可调和性，他们之间的关系也并不是简单的“吞并”“改造”“平均”的发展过程。质言之，不能简单地将国家法律视为向乡土社会进行无限扩展与单向控制，也不能莽撞地把民间规则抛离乡土社会，消灭和压制民间规则，当然，更不可能将国家法律和民间规则进行简单的物理上的疆界划分，

① 陈吉元、胡必亮主编《当代中国的村庄经济与村落文化》，山西经济出版社，1996，第212页。

强调两者在价值上和功能上的圈地自居。这些都是不切实际的，也不利于两者之间的整合。其实，依前面所描述的乡土社会的现实来看，在国家法律和乡土社会的民间规则之间，无论是谁抛弃谁都是不可能实现的，从实际出发来看，它们在实行的过程中的确各有益处，由此也可以看出在乡土社会中推行法治的复杂性。

虽说国家法律与民间规则的碰撞不能避免，但这并不代表它们之间是不可以相提并论、共同助长的。同样作为管理规范，不论是国家的还是乡土社会的，它们之间也有可以互通的地方。法律中有“善法”和“恶法”之分，法治也需要宽容，需要体现出法治中的美德；在民间规则中也有“好”与“坏”之分，也要体现民意，才有可能被尊重。这虽然是不同的终极目标，但它们在价值取向上却有着某些共通之处。当法律所追求的“善”和民间规则所追求的“好”结合起来，达到了某种可沟通的切合点，再在这个切合点上把两者结合起来协调发展，那么这不仅是面对现实的必要方式，也将有利于乡土社会这种在“法”的治理过程中同时遵守着“情”“理”的特殊区域的治理和发展。相对于简单的抛弃论，这才是现在乡土社会治理的有效方式。

二、理论与依托

制定法与民间规则的互通互融，既有前述的实践历程，及在相互交接中积累的经验，也有交融的规范意义。

（一）“两个积极性”的理论承接

从历史出发，我国一直以来都未曾忽视但也未曾重视地缘的多样性发展。以我国的政治制度为例，受制于国内外时势的影响，中华人民共和国建立时选择把权力集中到中央的做法，这是历史使然，也是理性的选择结果。1949年，中国共产党率领广大群众结束了中国长年割据混战的局面，中华人民共和国崭新面世。中华人民共和国建立后处处待新，各种制度都曾被论及，但彼时的一个历史事实是，中华人民共和国是从分中建立起来的，所以当时的首要问题是如何集权，实现合的问题。时势加上先驱经验，中华人民共和国在建立时参照苏联的模式，建立了中央高度集权的计划经济体制。然则，历史上任何一个国家，都不可能将所有权力都收归中央，既管不了也受不了。毛泽东也敏锐地发现了这一问题，虽然历经“高饶事件”，但在国家发展和长治久安的现实需求中，1956 年，毛泽东高瞻远瞩地提出“两个积极性”原则：“中央和地方的关系也是一个矛盾。解决这个矛盾……应当在巩固中央统一领导的前提下，扩大一点地方的权力，给地方更多的独立性，让地方办更多的事情。这对我们建设强大的社会主义国家比较有利。我们的国家这样大，人口这样多，情况这样复杂，有中央和地方两个积极性，比只有一个积极性好得多。”① 中国逐渐开始从苏联式制度中反思，寻找中国式经验。“中央要注意发挥省市的积极性，省市也要注意发挥地、县、区、乡的积极性，都不能够框得太死”②，“两个积极性”原则首次从国家制度层面探讨国家和地方的分权问题，是治国方略也是体制探索，对地方的自主性发出了积极信号。“两个积极性”原则是中国政制中历史的先河，重视中央的同时也要重视地方，以“凡是同地方有关的事情，都要先同地

---

① 中共中央文献编辑委员会编《毛泽东著作选读》(下册)，人民出版社，1986，第 729 页。

② 中共中央文献编辑委员会编《毛泽东著作选读》(下册)，人民出版社，1986，第 731 页。

方商量，商量好了再下命令”[①] 的方式为中国破开了一条既宽又远的路。

改革开放后，“两个积极性”得到了实践的证实与发展，并在“八二宪法”中获得基本法确认。随着经济的发展，中国的政制体制继续深化探索，在毛泽东“商量办事”的基础之上，邓小平进一步提出“摸着石头过河”，对地方的积极性，尤其是经济发展的积极性起到了明显的促进作用，经济上的分权逐渐成为地方发挥积极性的主要场域。1994 年，国务院推出具有历史意义的分税制改革，提出在促进国家财政收入合理增长上，要充分调动“两个积极性”，正确处理中央与地方的分配关系，并对“两个积极性”进行了经济化阐释，强调在增强中央宏观调控力的同时，“要考虑地方利益，调动地方发展经济、增收节支的积极性”[②]。分税制改革生动地展示了宪法中“调动中央与地方两个积极性”原则的现实意义，也为地方分权积攒了经验。迄今，分税制改革已施行 30 年，国家的社会经济结构已经

① 中共中央文献编辑委员会编《毛泽东著作选读》(下册)，人民出版社，1986，第 730 页。

② 《国务院关于实行分税制财政管理体制的决定》。

发生了深刻变化，中国特色社会主义进入新时代。

历史以证据的方式生动展示了地方的积极性意义，而愈是强调“两个积极性”，就愈加需要分清中央和地方之间的权力边界，为了避免非制度化带来的模糊性风险，以多重规则实现界分的制度化意义可谓更加确定，民间规则带有的理论价值更加突出。

（二）“地方性知识”的实践变现

人类学家克利福德·吉尔兹指出：“法律就是地方性知识；地方在此处不只是指空间、时间、阶级和各种问题，而且也指特色（accent），即把对所发生的事件的本地认识与对可能发生的事件的本地想象联系在一起。这种认识与想象的复合体，以及隐含于对原则的形象化描述中的事件叙述，便是我所谓的法律认识。”[①] 民间法的场域是地方，具有地方所有的一般性经验，但同时每个地方都有其特定的场域特性，所以民间法又有着独特的经验。

克利福德·吉尔兹对法律就是地方性知识的描述强调

① 克利福德·吉尔兹：《地方性知识：事实与法律的比较透视》，载梁治平编《法律的文化解释》，生活·读书·新知三联书店，1994，第126页。

一个重点，那就是特色。论及我国立法体系中的特色，乡土社会，尤其是乡土社会中的民间规则可谓是“最佳发言人”。首先，民间规则具有地方立法的一般性特色。地方作为中央的对称存在，其在立法权设上也是具有对称意义的。中央立法的视野立于全国，在功能上必然强调稳定性和普遍性，因此需要长时间的经验积累和反复验证方可立法；地方立于一隅，解决的是眼前的问题，内容上着力于个别性，由于关注的是差别性，所以无须也没有更多的经验可以借鉴。如此对比可以得出两个结论：一是统一法治关注的是共性，需要大量的基石来巩固立法；二是地方规则关注的是个性，共通性问题已经由中央立法辖定，留给或者需要地方规则理顺的是遗缺和新出现的问题。显然后者更灵活，或者说更有特色。事实上，很多中央立法都是站在地方立法试验的基础上验证建立的。例如《公司法》《证券法》等等从地方汲取了很多养分。其次，乡土社会的多重内涵，为民间规则带来更多特色。无须证明，乡土社会就是特色的同义词。所以建立在乡土社会基础之上的民间规则更是能在“特色”上斑斓着色。特定群体虽然人少，但是群体多，例如一个少数民族尚存有久远的、复杂的惯习，交错杂居更是让非杂多难以一语道尽。既然是杂多，那就不能用同一来解决，民间规则在地性、特例性的优势就凸显出来。规则可以依时、依地、依人而个性化立法，支系越多，特色越显。在稳定团结的同时，又保障了特色，一与多在法治里相得益彰。

另则，民间规则是法治在纵向进行分权的结果，是体制内的层级分解，同时也是对不同层级的客观需求的制度回应。从此意上说，分权也是法律是一种地方性知识的体现，而我国的地方特点更是放大了这一知识。例如，在我国的行政架构中，设区的市、自治州的范围相当大，面积和人口都可以匹敌甚至超越很多欧洲国家。尤其是在加快城镇化步伐后，市（州）人口增长迅速。大量的城市管理、生态环境、社会保障等若干问题亟待法规规制。与此同时，地方与地方之间又具有明显的差异。以贵州省为例，黔东南苗族侗族自治州是贵州的旅游名片，民俗与美食有着世界级呼唤力；黔西南布依族苗族自治州自然资源丰沛，黄金储量大、品质高，被称为“中国金州”；黔南布依族苗族自治州位于西南通往岭南、华南的咽喉要津，是贵州出海南下的最近通道，交通条件和路网密度皆是贵州之首。各州之间的地理条件、民族组成、产业优势和特点，乃至发展节奏等方面有着相当大的差异。这种差异决定了各城市在关注的重点问题和急需等待解决的问题上有着百般差别。省内尚有如此差别，更何况省与省之间，地方性知识的“因地制宜”客观且实际。

以上所述可以适用于一切地方的理论基础构建，亦包括乡土社会。而且乡土社会有传统、惯习等多重元素的添加，更是加剧了地方的特殊性，进一步深化了“两个积极性”的实践功能、地方性知识的个体性意义、辅助性原则的基层价值，所以，无论是从功能上还是从效率上对地方治理都是一种优化选择。

三、认识与对策

中国西部地区是一个多元化的社会，民间秩序的存在是事实，而且是一个长久的事实。非正式的民间规则之所以能在乡土社会中存在，其根本点是能有效地应对这里的社会生活，如果无法保障这一点，早已被自然淘汰，而不会沿袭了数百年甚或更长。因此，要在西部乡土社会及少数民族地区推行法治，必须要注重法治的推行与民间秩序的融合与对接。

其实，在我国国家制定法中持续、多次地把民间习惯和习俗纳入国家承认的范畴。《中华人民共和国宪法》和《中华人民共和国民族区域自治法》都明文规定，各民族都有保持或改革自己风俗习惯的自由，任何民族必须尊重其他民族的风俗习惯。1979 年《民政部、国家民委关于不要强迫回族实行火葬问题的通知》发布。《中华人民共和国刑法》第二百五十一条规定："国家机关工作人员非法剥夺公民的宗教信仰自由和侵犯少数民族风俗习惯，情节严重的，处二年以下有期徒刑或者拘役。"《中华人民共和国民法典》也规定了允许民族自治地方的人民代表大会根据本民族的有关风俗习惯，制定变通的或者补充的规定。而在具体地方工作之中，权力机关对民间规则也多有考量甚至依从。例如据凯里市三棵树镇司法所潘所长介绍，在乡镇工作当中，秉承的是"小纠纷不出村，大纠纷不出镇"的原则。即是说如果按村民的规矩能平息矛盾的，在不违背法律原则的前提下，地方政府就可以"尽量让老百姓自己去处理"，就算是市里人来检查的时候对此"也会理解"，不会追究什么。即便是进入了司法诉讼程序，权力主体也会对当地经验有所依赖和洽商。例如据凯里市凯棠镇养小村唐村主任介绍，每当村里有人提出诉讼，法庭开庭审理的时候，法官都会要求当事人把自己村里的村主任或村支书一起叫来，以便了解情况并主持调解，若是没有叫上，法官还会让当事人回去叫或者延期再审。应该说法官此举的意图是希望村里“了解情况”的人作为证人来参加案件的审理，但事实上，在审理过程中村主任或村支书的“证言”起到的不仅仅是简单的证言的作用，而常常是一种决定性的作用，法官会依据这个“可信的人”的证言来断案，直至做出判决。

可以说，与民间规则有正面接触的执法者们已经开始逐渐认识到这些乡土秩序、风俗习惯有着坚实的社会基础，并努力在用他们自己的方式处理和化解矛盾，而事实也证明这些努力都是有实际价值的。例如“小纠纷不出村，大纠纷不出镇”原则，让了解问题的人来解决问题，它在尊重了地方习俗的同时，又达到了自主解决纠纷的目的；而村领导证人制中，审理案件的法官应该说是熟知这样的做法在具体的法律条文中是找不到根据的，法官也当然知道世间是没有完全公正的人的，但法官的这种“信赖”也有他自己合理的地方。在乡土社会中，人与人之间的联系是非常紧密的，这是一个整合的集团，要试图在这个集团中开展工作，就必须取得这个集团的认同，必须在这个集团中有代言人，很显然村主任或村支书是很好的人选。所以法官会卖个人情给村干部，以换取工作顺利开展的可能，这就是乡村法律工作的逻辑。而事实上，这样的证人制，还是在依靠更能代表民间的思维方式并精通民间规则的人来维持乡土秩序，这是国家制定法与民间秩序达成的某种协议。这种协议不是明示的，而是互相心中明白，无须多说的那种。这些实例都在说明一个问题，那就是国家法向民间规则的交融。这种交融带有某种目的的性质，但正是这些交融维护了乡土社会的特殊生活规则，更有效地保障了乡土社会秩序的运行。

在法治与民间秩序的共处中，我们保守且整合地思考问题是应当的。因为如果我们只学会从落后的价值观出发，只站在民间秩序的立场上思考问题，使国家法时时让步于民间法，那么法律有可能丧失其应有的价值，其结果有可能使现代法律滞后于社会的实际生活，导致法治无法在农村推行。同理，如果只站在现代法治的立场思考问题，试图用现代法律来改造、取代民间法，将理想、超前的法治模式向农村强行输入，那就会对民间法构成太大的“挤出效应”，扩大和加剧现代法律与农村社会实际的差距，最后因为这种法律不是他们所真正关心的实际生活本身，还有可能会促发出法治效果的对立面，从而使法治无法实施，其结果可能是破坏而不是保护。因此，在处理法治与民间秩序的关系时，要谨慎地认识、评价和选择对策。

1. 对尚未丧失“存在条件”的风俗习惯，即便其不利于社会的最终发展和进步，现阶段也不能不顾乡土族群的生活现状和乡民意愿，强用法制或行政手段强行禁绝。恰好相反，根据一些民族或村寨的历史和社会现状，综合法治贯彻的可行性，群众的接受、心理承受能力等多方面的因素，对习俗、惯例予以适当的照顾和变通的认可。

2. 当然，对于已经丧失“存在条件”的落后的民间规则，自立法上就应该明确废止。同时应加强宣传教育，力求不仅在法律规定上，而且在少数民族公民、村民的法律意识、法治观念中，尽快树立废止落后陋习的必要性和可行性。

中国，尤其是西部，是非常复杂的多元社会，而在这样的社会里，“如果法律需要一个精心构设的社会结构才能发挥其功能，那么它就不仅是一种怀旧式的奇想，而是彻头彻尾的奇想了”[①]。差异是不同，但也是进一步发展的起点，我们在这里应解决的是如何处理差异而非消灭差异，因为法律本身就是一个多元化的结论，不管是各个传统之间的还是各个传统内的趋于一致并不是法治所尽力追逐的，特色才是。“法律领域不会衰变成封闭的单一体，而会拓展成一个复合式的多元体；我们趋向的是初始的震动，而非终极的震动清除。”[②]

第三节　从西部看中国法治发展的方向

自 2000 年西部大开发政策落地，至今已有 20 余年，西部在开发也在持续思索。最初，在 2000 年，西部大开发

---

① 克利福德·吉尔兹：《地方性知识：事实与法律的比较透视》，载梁治平编《法律的文化解释》，生活·读书·新知三联书店，1994，第 128 页。

② 克利福德·吉尔兹：《地方性知识：事实与法律的比较透视》，载梁治平编《法律的文化解释》，生活·读书·新知三联书店，1994，第 127 页。

被设定为先富地区对后富地区的经济拉动，其目的是“把东部沿海地区的剩余经济发展能力，用以提高西部地区的经济和社会发展水平、巩固国防”。而后，随着在西部地区的实践，开发的目的更加切合西部特点，也更关注多样化发展。2006 年 12 月 8 日，国务院常务会议审议并原则通过《西部大开发“十一五”规划》，目标是“努力实现西部地区经济又好又快发展，人民生活水平持续稳定提高”。2012 年 2 月，国务院批复同意了《西部大开发“十二五”规划》，在开发上强调“一是在开发理念上，更加注重发展的质量和效益。二是在开发方式上，更加注重充分发挥区域比较优势”。2020 年 5 月，《中共中央　国务院关于新时代推进西部大开发形成新格局的指导意见》印发实施，对西部大开发做了更为长远的计划：“确保到 2020 年西部地区生态环境、营商环境、开放环境、创新环境明显改善，与全国一道全面建成小康社会；到 2035 年，西部地区基本实现社会主义现代化，基本公共服务、基础设施通达程度、人民生活水平与东部地区大体相当，努力实现不同类型地区互补发展、东西双向开放协同并进、民族边疆地区繁荣安全稳固、人与自然和谐共生。”如今，随着发展的深入，西部大开发已经进入纵深发展阶段，早期概略、单一的发展目的，已经在西部的全面交锋中演变成具体而多元。从法治的角度来看，这是一次难得的一元的法与多元的规则之间的全方位交流，其中互有增进，皆有补足，同时也从实践角度、时间的长度在说明，民间法于法治有着发展性的意义。

一、过去：中西“法治”发展有着不同的传统

中国传统法律的最大特点是礼（伦理）与法的不可分割、交相辉映，应该说这是一个历史性的现象。在中国传统社会中，在那样一个被家长权所支配的典型的家族共同体以及封建主仆关系里，法与伦理是合体的。因此，在这种情景中，整个社会变成了一张由情理穿插游弋的网，外在的及内在的生活分化合而化一，权力的秩序包含了精神的秩序。黑格尔对古代中国的文化特征也做了类似的分析，在他看来，中国的伦理规范被作为法来看待，所以法律只作为单纯的强制的法而存在。黑格尔对伦理的讨论是否具有范式意义值得商榷，甚至从经验角度来说或会失之偏颇，但是他对中国古代社会中伦理与法的不可分性的分析倒是十分切实，

那里确实是一个依身份而设立的情理社会。

与中国传统社会相同的是，在西方资本主义社会，伦理与法的走向也是历史性的，不过不同的是这个历史性是它们的分化而不是融合。在“法治”的产生到发展的这个过程中，不能说法与伦理始终都有着一条非常清楚的分界线（不论何时，人的非理性都是不可估量的），在西式的法哲学理念中，并不会很自然地将情理加入其中一起反复衡量。因为在他们的思维方式中，伦理（或情理）和法是两条线，至少不是会不自觉的、必然交叉的思考路径。当他们面对问题时，依法或依情，这是不同的两条道路。如同学者所分析的那样：“资本主义经济的法的非伦理性是由来于法调整的是彻头彻尾的利己心世界中的商品等价交换这样一种性质。”[①]“并且在那里经济固守其存在，使法成为其从属者。正是由于这种性格及关系，法成为‘唯物的’、‘个人主义的’。换句话说，正是这种‘唯物的’、‘个人主义的’法反映了资本主义经济的现实的历史性形态。……伦理对于资本主义经济的法，即对资本主义经济的经济规律

① 川岛武宜：《现代化与法》，申政武、梁涛、李旺翻译，王晨校订，中国政法大学出版社，1994，第27页。

来讲本来是异质的、‘外在的’。进一步讲，伦理可以表现为制约、限制资本主义经济自由的经济妨害者。”[①]中国人重整体，讲求“和谐统一”，不仅要求人际和谐，更重要的是人类自身的内在和谐，甚至是以人为中心的天人和谐。这种观念反映在外部，则是人的群体性，个体易产生依赖的心理、从众的心理，行使权利具有惰性；在人身内部，则表现为对自我的道德约束，修身养性，以期成为谦谦君子。所以在中国古代传统文化中，道德远比法律更受重视。按儒家思想，普遍的和谐与稳定的思想状态并不通过法律或权利与义务的平衡而获得。中国人运用法律的宗旨是“将法律的副作用限制到尽可能小的程度”。与此相反，西方自古希腊植入了个人主义因子以来，随着商品经济的发展，个体独立意识越来越强，形成以个人自由为本位的思想观念体系，人们往往更重视个体自身的价值，把法律作为捍卫自由的利器。他们力图把“法律的正面作用发挥到尽可能大的范围”。

需要强调的是，中国和西方有着不同的传统，认识它

① 川岛武宜：《现代化与法》，申政武、梁涛、李旺翻译，王晨校订，中国政法大学出版社，1994，第29页。

们不是为了互相指责，而是为了互相尊重。由不同传统孕育出来的各种制度，尤其是那些与个人价值评断有关的部分，其差异之大是显而易见的。其中“法治”的形成便是这类差异中的一个典型例子。西方所需的“法”是一个纯粹的概念，而“法治”的创设至发展，有着强烈的功利作用，他们希望它是可以像一部机器一样能做预计的法律，需要的是它的高效。而中国传统法律中的这种“以礼统法”的特色，经历了几千年的文化流变，作为一种具有“中国特色”的思想传统，它不可能随着旧的法律体系的崩溃而消失，相反，在现实的法律思想体系中，它还将发挥着作用。过去我们有着若干不同，但客观的不同并不是障碍，反倒是一个新的逻辑起点。

二、现在：由国家权威带来的层次发展

书中所考察的村寨里，社会组织和人际关系的封闭程度是不同的，这使得规则的多样性和影响力有着差异表现。一时是完全由民族习俗或乡土习俗统治的陌生区域，一时又回到了我们较为熟悉的能看到“法”的区域，一时又是两者参半的区域。这样的杂多是棘手的，但它们却是不能

回避的。要在西部施行法治，就必须面对这些早已生长在西部的本土问题，而不能“假定”这些现实不存在，一味地依靠外来经验来设计所谓的“法治蓝图”，这样或许恰是适得其反。为了更好、更灵活地实现法治之目的，我们必须在这些复杂的背景材料中理出一个头绪。这项工作不容易，但却也不如想象中的那么困难，或者是因为这里面本来就很有逻辑性，只是在等着被发现而已。

在笔者所调查的黔东南州的村寨之间，一个明显的差别是它们与州府所在地凯里市的距离不同。这是一个地理位置的问题，但潜藏在这个简单的地缘信号背后的却是一个辐射影响力的问题。从信号学的角度出发，无线信号在传播过程中，会受到空间距离的影响，随着信号传播距离增加，信号强度逐渐减弱。这种因距离而产生的势能衰弱同样可以用于对规则的影响力理解。尽管法应通行于全国，但鉴于地缘和人际关系，管理者和被管理者对于规则的解释和推理是存在相应的出入的。凯里市是黔东南州的州府所在地，是全州的政治经济发展中心。受到经济多样性的影响，传统的人际关系和纠纷的相似性已经被多元打破，规则的多样化要求已经超出了传统的经验范畴，制定法的调整成为常态，但若不是如此的地缘特点，则在规则的影响力上存有差异。

距凯里市只有20分钟车程的三棵树镇，是黔东南州发展得较快的乡镇之一。因为它邻接凯里市，在各方面都受到了较深的城市化影响，各项制度的建设比其他乡镇都会健全很多。据该镇司法所的唐所长介绍，这里对村民的法律教育较早，而且村民接受程度都比较高，仅截至2003年10月，向该所提出调解并调解完毕的案件就有20多起（这在黔东南州各村寨中已属较多），另外还有很多案件直接或无法调解之后进入了诉讼程序。对于那些按照村规民约解决，但与国家法律有出入的纠纷，镇司法所一般都不予支持。而且市司法局每年都会派专人专门下来检查工作，如果发现镇司法所的处理有什么不合法的地方，还要对司法所进行处罚。在此，因为毗邻凯里市，三棵树镇与之产生了相似的规则特点。除了地缘特点，三棵树镇的民间规则影响力的变化还与经验的范围有关。因为毗邻城市，使得这一地区早已改变了原有的血缘、族亲、宗亲关系，传统的社会基础被打破；因为与外界的频繁接触，使得这里的纠纷不再局限于简单的山林土地、结婚离婚关系，历史的经验难以继续成为不变的真理，当法律的介入已经成了常态，人们将过去对先知的信任转向了法律，规则的意义趋向正式。

而在距凯里市较远的剑河县革东镇，地缘影响力随着距离而辐射渐弱。这里与城市有一段较远的距离，使得正式规则的触角难以深入社会的基底，乡村中仍然保留着古老规则的痕迹：村民之间很少出现纠纷，就算有也极少会将问题“闹到政府里去”；依然采用着传统的纠纷处理办法，如“三个100（或120）”[①]。可以说，相对于都市的是非，这些地方仍然是一片净土，但相对于固守的过去，这里已经不再单纯。寨老的权力已经无法得到伸展，因为他们早已失去了原始意义，古老的完全自守的村落格局出现了裂痕，多元的规则手段也因此获得了进入的突破口，固守的乡土社会开始被逐步破解。笔者在调查中曾经在革东镇遇到过一个身着苗族服饰的妇女，她当时正用苗语与笔者的向导热切地谈论着什么，向导翻译说她正在说她的丈夫和孩子，我们谈论着：“不知道她是否清楚什么时候可以结婚？”这位我们还在怀疑她是否会说汉话的妇女直接用普

① 即在前面提到过的，当遇到纠纷时，一方带100斤米、100斤酒、100斤肉到对方家，就算讲和，双方都会既往不咎。

通话告诉我们："我当然知道法律规定妇女的法定婚龄是20岁。"一个预想不到的人给了一个预想不到的答案，使得多元化规则的渗入变成无需多余的论证。

书中所考察的村寨中，剑河县久仰镇久仰村是最为古老的一个村寨。至今，它仍然以传统的习俗和民族习惯在社群治理中占有重要的位置。久仰村实行的是家长制、宗族制，崇尚能人治理、长老治理，惯例、习俗、过去的经验在纠纷处理中扮演着重要的角色。这里的血缘、地缘、邻里，都已成为制约人们交往活动的重要因素，也成为村民们人际关系的支撑点，家族亲属、邻居朋友组成了如鲁迅所说的"连心肝也似乎有些了然"的熟人社会。村民们生于斯，长于斯，几十年不变的生活，又强化了对这种血缘、地缘关系的依赖。于是他们奉行的最高信用准则是"说话算数"，当人与人之间在发生经济往来和其他社会关系时，只是以建立在天然信用基础上，只需口头协议为凭据。这种状况说明，村民的交往主要限于熟人圈，这块熟人社区，甚或可能成为多元规则的"不入之地"。于是在传统乡土农村社会，一旦村民们发生冲突与纠纷，往往就请社区中声望较高的长老、族长出面，以家族和乡邻关系为基础的人情、礼俗来进行调解，因为这些纠纷只是对过去问题的简单重复，长老的经验就足以解决，此时，其他手段介入非常容易受到排挤。对这样一个完全自我管理、自我维护、自给自足的封闭的乡土社会，已经“内化”为村民心中非常管用的制约机制，稳固地扎根于这样一个历世不移的区域里，其他只能观望。

三、将来：民间法功能的应然探索

（一）实践层面：推行法治需要多条路线

统一的法治是时代进步的标志，也是经济发展的必然要求，当坚决拥护。然而，通过前面的论述可以看出，要在西部这样一个多种知识和多重秩序并存的地区，尤其是在较偏远的村寨推行法治并不是一件易事，也不是只通过一条单一的线路就可以完成的。

首先，在类似凯里市三棵树镇这样的法治环境已经基本成熟的地区，推行法治的阻力是很小的，只需要加大法治宣传力度，循序渐进地开展法治建设，统一法治的实现是顺理成章的。因此，在这样的地区推行法治的路线只需照常即可。

其次，还有一些类似凯里市凯棠镇的地区，这些地方已经开始逐步认识法律，并开始修正原始的习俗和规则，但对法律的认识程度不高，而且对其能力还保持着怀疑的态度。在这种地区，法治环境的好坏是一个变化的数值，但对这种不可期性也有相对应的解决办法。例如说，这里有一个“有名”的案件：在 20 世纪 80 年代的时候，凯棠乡（当时为凯棠乡）的法律环境远不如现在，凯棠乡南疆村某个组的一个男老师的妹妹嫁到了地五村，没过多久就因为被男方欺负得很厉害而跑回了老家。这个男老师非常生气，认为欺负到了自家人，就带了一帮人到地五村的妹夫家去拉猪拉牛，还拆了这家人的房子，这本是当时当地人看来不出奇的一件事，但是公安机关就是把这个男老师抓了起来，最后还判了 8 年的有期徒刑。正是因为这样的一个街知巷闻的判决使得“大家听到后都非常害怕”。自此以后大家都知道了法律的威力，“法律的普及也快了起来”。对乡民来说，这虽然是一个特别的案件，但在法治的范畴内，这也是法律的正常运作手段。其实，在某些已经开始初步认识法律，但又有些迟疑的地方，果断的法律判决也未尝不是一个加快法律普及的有效方式。因此，在这样的地区，法治推行的方法需要更清楚、更明了地显示出法律的指引功能和强制功能，加快法治环境的建设。

再次，对于像前文所提到的类似剑河县久仰镇久仰村这样自我封闭的村寨，法律的介入当要更为审慎。村落的规矩和少数民族特有的认知保留了固有的土壤，如果是自己信得过的而且也是别人信服的前辈能够解决的问题，是无须也不接受一些他们所不熟悉又不了解的东西来插手的。只有当村寨的内部环境发生变化，当新情况、新问题的不断出现，“先知”们不再显得那么得心应手，甚至他们闻所未闻的状况的普遍出现，无法得心应手变成了束手无策，随之而来的便是对“先知”们的崇拜自然也就由强烈变成了渐弱，再由渐弱变成了被怀疑时，村寨的自我管理模式出现了裂缝，法律渐强介入方更为顺利。所以在这种区域中，法治更适宜的就是边走边看地施行，等待着在这个社区的自我发展，当这些外力形成一股合力足以突破了自给自足的管理方式后，这个封闭的社区就有了舍弃和交融的条件，秩序的维护方式自然就有了多元的发展思路。

法治是国家发展的必然，必要性是毋庸置疑的，但节奏是可以调整的。犹如优秀的乐曲要有轻重缓急一样，要在西部这样一个多民族、多村寨、多种规则共同掺杂着的复杂区域内实行法治，共谱和谐乐章，就需要关注各自的乐谱，控制自己的节奏才能有条不紊地融入全篇。

路线一——在法治环境较健全的村寨，保持原有的法治进程。

路线二——在已经开始初步认识法律，但对法律还缺乏了解的区域，推行法律治理的节奏可以相对放缓，在继续开展传统的普法宣传的同时，要果断地运用法律，明确地界定和保护某些法律应该认可的权利，加速习俗与法律的分化或者融合。

路线三——在完全自我封闭、权力较难介入的区域，应该采取耐心等待和观望的态度，不能仓促地、没有准备地就整顿一番了事。这样既不可能改变村民的观念，也难以达到预期的目的，在浪费法律资源的同时还很难达到治理的效果。

（二）规范层面：推动民间法与立法的互动

民间法虽然历史悠远，但其现实发展却从未坦途。从理论上说，由于民间法大多缺乏普遍性和强制执行力，相对的任意性和非连贯性不可避免地伴生；在实践中，各类田野调查也对民间法表现出了普遍的担忧：传承性在减弱、公众信服力在逐渐降低。负面影响的彰显势必会造成有效功能的退化甚至丧失，对此，学者也疾呼，民间法一直以来都没有能获得法的正视。而今，随着经济由点及面的发展，法治也应当多元地从另一角度推进习惯法的良性发展。首先，可以实现习惯法的正面良性转化。例如，《黔东南苗族侗族自治州苗医药侗医药发展条例》对自治州认证合格的苗医侗医等师承人员，允许在自治州行政区域内登记注册的执业地点从事相应的医疗活动。如此规定既尊重了少数民族的就医习惯，同时实现了对事实上的医疗行为的有效监督，为习惯的实现和保障提供了有效的渠道。其次，立法的事例性可以从反面实现对民间法的良性倒促。立法的规范性展示，将对民间法的泛义式适用所需的程序和内容进行示例性地指导。互为表里的正反共促，势必将有效促进习惯法的良性发展。

1. 民间法与立法互动的价值。法律的生命力来源于符合社会需要，法律的科学性来自尊重客观规律。从立法的技术层面而言，从实践中采集立法需求来认可立法，一直以来都是国家立法的一种重要的实现方式，毕竟“一切

（法律）之中最重要的一种；这种法律既不是铭刻在大理石上，也不是铭刻在铜表上，而是铭刻在公民们的内心里”[①]。因此，在民间法和国家立法研究的狭区中转换思路，将二者关联，从实际出发，尊重传统，是科学立法的内在要求。首先是社会秩序的整合性需求。社会治理是一个整合性工程，既需要管理者的头部调整，也需要组成者的官能协调。所以社会治理从来都不是“一”意之治，而是多方整合。而今，随着地方多样化的纵深发展，我国愈加需要多样化的秩序整合手段，实现以参与者接受为内在面向的社会秩序的共存。其次是民间法和立法发展的内生需求。一方面法治的国家建构主义偏好加速了民间规则的离散，另一方面立法“多样”和“地方”特色均彰显不足，二者的不足使互动演化成了必然需求。

2. 民间法与立法互动的现状。虽然在规范属性上，立法与民间法是分离的，但它们并不是分割的关系。同样是对社会秩序的调整手段，立法和民间法长期共存着，并且在守望相助的共同生活中，二者之间还多有以认可和转化

① 卢梭：《社会契约论》，何兆武译，商务印书馆，2003，第70页。

的方式进行的交融。

（1）认可。法律的适用对象是公众，所以由下而上对民间规则和既有习惯的认可，一直以来都是立法的重要手段。我国疆土辽阔、人口众多，所以各级立法中，对民间规则的认可在立法中多有表现。

首先，中央立法中多有认可。《中华人民共和国民法典》出台之前，《中华人民共和国民法通则》《中华人民共和国物权法》《中华人民共和国合同法》等多部法律都对习惯、风俗等民间规则做出了法条设定，《中华人民共和国民法典》对此予以了延续性认可，以基本原则的方式规定："处理民事纠纷，应当依照法律；法律没有规定的，可以适用习惯，但是不得违背公序良俗。"（第十条）并且在各章节中多处对民间规则进行了具体认可，例如对交易习惯的认可，第二百八十九条规定："法律、法规对处理相邻关系有规定的，依照其规定；法律、法规没有规定的，可以按照当地习惯。"第三百二十一条规定："法定孳息，当事人有约定的，按照约定取得；没有约定或者约定不明确的，按照交易习惯取得。"或将习惯视为义务，如第六百八十条规定，"借款合同对支付利息约定不明确，当事人不能达成补充协议的，按照当地或者当事人的交易方式、交易习惯、市场利率等因素确定利息”。或将习惯视为例外，如第八百一十四条规定，“客运合同自承运人向旅客出具客票时成立，但是当事人另有约定或者另有交易习惯的除外”。除此以外，《中华人民共和国刑法》《中华人民共和国行政法》《中华人民共和国诉讼法》等多部法律中都有类似的对民间规则的认可。

其次，地方立法中更有大量的条例对民间规则进行了认可。相较于中央立法，地方立法关注的是地方的差异性和多样性，这和民间规则的固有特点可谓不谋而合，所以在地方立法中处处可见对本地特有的民间规则的认可。婚姻家庭方面，许多地方以立法的形式认可了达成长期共识的婚俗。例如《黔南布依族苗族自治州执行〈中华人民共和国婚姻法〉变通规定》（1999）、《民和回族土族自治县施行〈中华人民共和国婚姻法〉的变通规定》（2011）等若干地方立法中都将法定婚龄予以了降低；《伊犁哈萨克自治州施行〈中华人民共和国婚姻法〉补充规定》对民族婚俗予以认可，规定“保持哈萨克族七代以内不结婚的传统习惯。商事交往上，《山东省消费者权益保护条例》（2008）规定："经营者提供商品或者服务，应当按照国家有关规定或者商业惯例向消费者提供发票或者其他购货、服务凭证。"对此，《上海消费者权益保护条例》等地方立法中也有同类对交往习惯的认可。物权关系上，《黔西南布依族苗族自治州执行〈中华人民共和国森林法〉变通规定》（1996）结合民间观念对《中华人民共和国森林法》进行了变通："坚持和完善林业生产责任制。鼓励国有单位、集体、个人大力发展林业。在土地权属清楚的前提下，造林实行谁造谁有，允许继承和转让。"扩大了林木所有权的范围，并允许了林木所有权的继承，对此，《民和回族土族自治县造林绿化管护条例》（1998）也做出了"城镇居民在自有房屋的庭院内种植的林木和农村村民在房前屋后、自留山以及村社划定的地方种植的林木归个人所有，允许继承、转让"的类似规定。林木物权关系的变通，大大提升了种植者的积极性，既尊重了民间风俗，又激励生产，对种林护林起到了关键性作用。地方立法中对民间规则的认可不胜枚举，地方与民间有着天然的地缘重合，立法目的上共同关注着在地性。以上的立法虽是见微，但已然能从弦歌中知著。

（2）转化。规则并不尽然都是可取的，民间规则亦有良莠之分，作为社会关系的调整器，国家立法对民间规则也有着判断的责任，并可以通过立法的形式自上而下地予以调整和修正。例如，《黔南布依族苗族自治州执行〈中华人民共和国婚姻法〉变通规定》(1999）规定："在履行结婚登记确立夫妻关系后，对民族传统的结婚仪式，有改革或者保持的自由。但不能以民族的风俗习惯代替结婚登记。"以立法的形式修正了婚姻风俗，在取舍间加强了婚姻的权利义务关系。《四川省甘孜藏族自治州施行〈中华人民共和国婚姻法〉的补充规定》规定："非婚生子女的生父，应负担子女必要的生活费和教育费的一部或全部，改变主要由生母负担的习惯。"对传统的抚养风俗予以立法转化，从国家语义上保障了妇女儿童的权益。

（三）民间法与立法的良性互动路径探究

由前论可以看出，民间法与立法既有互动交融的价值，同时也有互动的历史经验，二者交互前驱的实践进路表明，这是一条立法和民间法皆可获益的发展路径。

1. 立法对民间法予以吸收与引领

立法的目的是调节和维持社会秩序，民间法的功能是对民间惯有秩序维持方式的总结和保持，从效果意义而言，二者可谓殊途同归。不过由于民间法的维系方式是柔性的，因此，在实现手段上带有选择性和不确定性，这种偶然性使得民间法的执行张弛不定，所以，通过稳定和通用的国家立法来吸收和引领民间法，是维系和保证民间法功能的不二法门，同时也是中国式法治发展的直接体现。

立法对民间法的吸收与引领不仅应当是理论的认同，还应当是实践性的。我国的立法史中，无论是中央立法还是地方立法都存有大量的认可和转化民间法的实践内容。中央立法中，对民族习惯和风俗的认同，构建了民族区域自治制度的国家基础；各个部门法对社会基层的风俗习惯的立法认可，降低了立法成本的同时提升了秩序的维持效率。地方立法中，对地方自有惯习的立法转化，保障了地方立法的差异性；对特例性规则的立法上升，为地方立法提供了源源不断的生机。由此可见，立法对民间法的吸收与引领，既是制度认可，也是立法的本质使然，是一个单方出力、多方获益的局面。

尽管理论与实践皆有所指，但之于运用领域，立法对民间法的认可仍有诸多障碍。正如学者所言："就当下中国而言，无论是立法还是司法，与民间习惯的距离仍然很遥远；民事习惯作为法律渊源的理论意义大于实践意义，对民间习惯的重视仍停留在口头上。”[①] 在立法中，对民间规则常持一种“拿来主义”的态度，一方面对民间法缺乏全面、详细的基层调查，使得民间法的真实性和实效性未能得以确切展示；另一方面对民间法的立法转化带有机会性心态，偶遇空缺时想起，遭到阻碍时又轻易放弃。对此，应当提升立法者的立法理念，明确民间规则作为法的渊源的重要意义，更加积极地提前完善民间法的整理和讨论，将此项内容作为立法的常态性议题落实到立法程序中，正视立法的本土经验。

2. 民间法对立法予以保障和补充

虽然民间法落足于“民间”，或多或少带有“故事”的性质，但它之于国家秩序的构建确非是偶然或额外的价值，乃是有着效能和推动意义的。

民间法持有公众参与的立法意义。卢梭曾论，立法是“公意”的体现，在公意中，立法剥离了“众意”，梳理和集合了符合社会发展和民众利益的意思表达，唯有“公意”

① 王林敏：《法学向度的民间习惯调查与汇编》，《北方民族大学学报（哲学社会科学版）》2009 年第 5 期。

方才是人民主权的真正体现。立法是一种结论，而结论是需要探讨的，所以，立法中公众的意见参与，是立法的天然需求，对此，立法法也多处规定须通过“座谈会、论证会、听证会”等多种方式“听取意见”作为立法的必要程序。由此可见，公众参与是立法的必要程序，是保障立法安定性和妥当性的重要手段。立法对公众参与的制度安排是必要的，但也是外置的，需要专门性规定的特意设置和采信，但民间规则的公众参与则是内化和先天的。与立法不同，民间规则生长于基层社会，经历了长时间的民间调整方得成型，其间步步皆有公众意志的参与，自带了“公意”的经验价值，因此，民间法能有效地保障立法的功能，值得立法的认真对待。

民间法为立法提供了试验经验。无论之于中央立法还是地方立法，立法试验皆具有关键性意义。中央立法适用于全域，在功能上必然强调普遍性、稳定性，立法建立在长时间的经验积累和反复验证基础之上；地方立法立足于地方，在保证国家统一法制的前提下，侧重于地域差异，较之于中央立法，地方立法具有地域的试验优势。无论是中央还是地方，立法都有着先期试验的需求，而我国的很多新兴立法大多有着从地方进行个别性试验后再纳入国家立法的经验，这也是地方立法的优势所在。试验性已被证明是地方立法的必要性之一，也是中央立法功能性实现的客观需求，而试验性恰恰是民间法的固有属性。相较于立法的设立型实现方式，民间法是社会中各方主体长期运行后的共识性结论，作为规则被执行的结果本身，就是历经多方试验后的取舍。对于立法而言，民间法相当于一个业已记录完毕的实验结论，对它的立法采信，既能有效降低立法的论证成本，又能大大提高立法的执行效率，这对于立法者和执行者而言，是一笔效益可期的立法投入。

结束语

当代著名社会学者伊恩·罗伯逊曾经做过这样一个预算，他说：“如果我们把地球上自从有生命以来的全部历史压缩为一年，那么，直到这一年的12月31日夜里11点53分才出现了最早的现代人，而直到这一年结束前的大约分钟才出现了最早的文明。然而，在我们占据了这个星球以后的这段短暂的时间里，我们却取得了惊人的文化成就。”① 这一比拟，不能不使我们重新惊讶地审视周围这个文化了的世界和人本身。远观万物，近取诸身，我们发现文化进步只是生物进化的延伸，法作为人类社会文化现象之一，也是人这一生物实体的延伸部分，它在时间上、空间上，以及不同的人类族别中所呈现的纷繁多样的形式，只是漫漫历史长河中人类为了解决各种相类同的社会问题而

① 伊恩·罗伯逊：《社会学》（上册），黄育馥译，商务印书馆，1990，第124—125页。

采取的不同文化选择的结果。自古观之，无论是文化的历史还是法的历史，都常常会因为一些巨大的事变而发生断裂或转向，但这些都是历史的表象。如果我们细心探寻，也许不难发现，在那些断裂的历史表象之后，有一些古老的东西，它们从极其遥远的过去，从某个鲜为人知的时代，悄悄地延续至今。人们从不曾注意到它，而这正好表明它暗地里支配着我们的顽强有力，表明它在多大程度上成为我们心中最隐秘的情感，因为这是对古老的文化选择的传承，是一种与生俱来的信仰。

黔东南苗族侗族自治州是典型的西部城镇，这里村落文化活跃，民族习俗繁复，传统规则与国家法律交错运行，民间规则与国家法律同时存在，并共同维持着社会的秩序。因此，要在西部实行统一的法治，就必须去掉有色眼镜，认真审视这些早已存在并一直发挥着作用的民间规则，使法治与民间秩序能够进行正确的对接与整合，以更宽阔的视野来看待规则之间的交互融合。

如今，中国法治在历经以国家构建为主导的强制性制度变迁后，正在进入一个自治性的同构阶段，法治建设的主力正由国家转向社会：党的十八届四中全会通过的《中共中央关于全面推进依法治国若干重大问题的决定》提出："支持各类社会主体自我约束、自我管理。发挥市民公约、乡规民约、行业规章、团体章程等社会规范在社会治理中的积极作用。"习近平总书记在党的十九大报告中提出"乡村振兴战略"，对繁荣各地传统文化提出了要求。西部（民间）是一个非常开阔的地带，有着太多的"具体情况"和"具体问题"，这是特例但也是实际，是现象但不是问题。而今在国家治理现代化的语境下，民间法与制定法的互动研究乃至发展，契合法治的实质性发展，这是时代需求，也是社会治理转型的规范性回应，希望借此论述，继续开发和加深理论和实践的共创探索。

参考文献

一、著作类

[1] 卓泽渊 . 法治泛论 [M]. 北京：法律出版社，2001.

[2] 陈弘毅 . 法治、启蒙与现代法的精神 [M]. 北京：中国政法大学出版社，1998.

[3] 王人博，程燎原 . 法治论 [M]. 济南：山东大学出版社，1989.

[4] 贺卫方 . 具体法治 [M]. 北京：法律出版社，2002.

[5] 季卫东 . 法治秩序的建构 [M]. 北京：中国政法大学出版社，1999.

[6] 高鸿钧 . 现代法治的出路 [M]. 北京：清华大学出版社，2003.

[7] 刘作翔 . 法律文化理论 [M]. 北京：商务印书馆，1999.

[8] 张中秋 . 中西法律文化比较 [M]. 南京：南京大学出版社，1992.

[9] 范进学 . 法的观念与现代化 [M]. 济南：山东大学出版社，2002.

[10] 费孝通 . 乡土中国　生育制度 [M]. 北京：大学出版社，1998.

[11] 费孝通 . 民族研究文集 [M]. 北京：民族出版社，1988.

[12] 滋贺秀三等 . 明清时期的民事审判与民间契约 [M]. 王亚新，梁志平，编 . 北京：法律出版社，1998.

[13] 岑秀文 . 苗族 [M]. 北京：民族出版社，1993.

[14] 苗族简史编写组 . 苗族简史 [M]. 贵阳：贵州民族出版社，1985.

[15] 贵州省编辑组 . 苗族社会历史调查 [M]. 贵阳：贵州民族出版社，1986.

[16] 胡起望，李延贵 . 苗族研究论丛 [M]. 贵阳：贵州人民出版社，1988.

[17] 杨权等 . 侗族 [M]. 北京：民族出版社，1992.

[18] 吴宗源 . 侗族白年实录 [M]. 北京：中国文史出版社，2000.

[19] 侗族简史编辑组 . 侗族简史 [M]. 贵阳：贵州民族出版社，1985.

[20] 冯祖贻，朱俊明，李双璧 . 侗族文化研究 [M]. 贵阳：贵州人民出版社，1999.

[21] 凌纯声，芮逸夫 . 湘西苗族调查报告 [M]. 北京：商务印书局，1939.

[22] 杨策，彭武麟 . 中国近代民族关系史 [M]. 北京：中央民族大学出版社，1999.

[23] 徐晓光 . 中国少数民族法制史 [M]. 贵阳：贵州民族出版社，2002.

[24] 恩格斯 . 家庭、私有制和国家的起源 [M]. 北京：人民出版社，1972.

[25] 乌丙安 . 中国民俗学 [M]. 沈阳：辽宁大学出版社，1985.

[26] 弗雷泽 . 魔鬼的律师：为迷信辩护 [M]. 阎云祥，龚晓夏，译 . 北京：东方出版社，1988.

[27] 王学辉 . 从禁忌习惯到法起源运动 [M]. 北京：法律出版社，1998.

[28] 恩斯特・卡西尔 . 人论 [M]. 甘阳，译 . 上海：上海译文出版社，1985.

[29] 夏之乾 . 神意裁判 [M]. 北京：团结出版社，1993.

[30] 霍贝尔 . 原始人的法 [M]. 严存生，等，译 . 贵阳：贵州人民出版社，1992.

[31] 穗积陈重 . 法律进化论 [M]. 北京：中国政法大学出版社，1998.

[32] 黄建武 . 法的实现：法的一种社会学分析 [M]. 北京：中国人

民大学出版社，1997.

[33] 陈吉元，胡必亮 . 当代中国的村庄经济与村落文化 [M]. 太原：山西经济出版社，1996.

[34] 孟德斯鸠 . 论法的精神 [M]. 张雁深，译 . 北京：商务印书馆，1995.

[35] 苏力 . 法治及其本土资源 [M]. 北京：中国政法大学出版社，1996.

[36] 苏力 . 送法下乡：中国基层司法制度研究 [M]. 北京：中国政法大学出版社，2000.

[37] 苏力 . 制度是如何形成的 [M]. 广州：中山大学出版社，1999.

[38] 王铭铭，王斯福 . 乡土社会的秩序、公正与权威 [M]. 北京：中国政法大学出版社，1997.

[39] 梁治平 . 清代习惯法：社会与国家 [M]. 北京：中国政法大学出版社，1996.

[40] 梁治平 . 寻求自然秩序中的和谐：中国传统法律文化研究 [M]. 北京：中国政法大学出版社，1997.

[41] 梁治平 . 法辨：中国法的过去、现在与未来 [M]. 北京：中国政法大学出版社，2002.

[42] 梁治平 . 法律的文化解释 [M]. 北京：生活 • 读书 • 新知三联书店，1998.

[43] 张冠梓 . 论法的成长：来自中国南方山地法律民族志的诠释 [M]. 北京：社会科学文献出版社，2002.

[44] 瞿同祖 . 中国法律与中国社会 [M]. 北京：中华书局，1981.

[45] 郑永流，等 . 农民法律意识与农村法律发展 [M]. 武汉：武汉出版社，1993.

[46] 黄宗智 . 长江三角洲小农家庭与乡村发展 [M]. 北京：中华书局，1992.

[47] 黄宗智 . 法典、习俗与司法实践：清代与民国的比较 [M]. 上海：上海书店出版社，2003.

[48] 张晋藩 . 中国法律的传统与近代转型 [M]. 北京：法律出版社，1997.

[49] 梅因 . 古代法 [M]. 沈景一，译 . 北京：商务印书馆，1984.

[50] 川岛武宜 . 现代化与法 [M]. 北京：中国政法大学出版社，1994.

二、论文类

[1] 夏恿 . 法治是什么：渊源、规诫与价值 [J]. 中国社会科学，

1999（4）：117-143+207.

[2] 卓泽渊．西部大开发与法治建设 [J]. 现代法学，2000（2）：3-4.

[3] 田成有，陈令华．法治现代化的启动与传统法文化的创造性转化 [J]. 现代法学，1998（6）：8-13.

[4] 顾肃．论法治现代化的基本原则 [J]. 江苏社会科学，1996（4）：44-49+55.

[5] 沈荣华．法治现代化论 [J]. 苏州大学学报（哲学社会科学版），2000（4）：8-11.

[6] 吉农．黔东南苗族“议榔”考 [J]. 贵州民族研究，1983，3（2）：177-178.

[7] 刘宗碧．侗族传统文化特征及其对社会的影响 [J]. 西南民族大学学报（人文社会科学版），1993（1）：17-20.

[8] 田成有．论国家制定法与民族习惯法的互补与对接 [J]. 现代法学，2001（9）：28-34.

[9] 田成有．乡土社会中的国家法与民间法 [J]. 开放时代，2001（9）：28-34.

[10] 徐忠明．比较视野中的中国传统法律文化之特点：张中秋《中西法律文化比较研究》读后 [J]. 比较法研究，2000（2）：

191-202.

[11] 姚秀兰 . 论传统法律与现代法制 [J]. 当代法学，2003（12）：14-17.

[12] 费孝通 . 人文资源在西部大开发中的作用和意义 [J]. 文艺研究，2001（2）：4-10.

[13] 费孝通 . 西部开发应注重当地民族的优势 [J]. 柴达木开发研究，2000（3）：7-8.

[14] 苏力 . 当代中国法律中的习惯：一个制定法的透视 [J]. 法学评论，2001（3）：19-33.

[15] 田成有 . 功能与变迁：法律在传统乡土农村的地位——历史视角下的分析 [J]. 天津社会科学，2000（6）：93-98.

[16] 田成有 . 中国法的本土化与现代化、国际化 [J]. 法商研究（中南政法学院学报），1998（2）：30-33.

[17] 伍华权 . 法治与贵州民族地区法律建设 [J]. 贵州民族研究，1995（3）：40-45.

[18] 罗洪洋 . 贵州少数民族习惯法对现代法和“法治”的启示 [J]. 贵州民族研究，2000（2）：60-63.

[19] 吴大华，徐晓光 . 苗族习惯法的传承与社会功能 [J]. 贵州民族学院学报（哲学社会科学版），2000（1）：16-20.

[20] 韩小兵．西部大开发中的贵州法制建设 [J]. 民族研究，2001（6）：39-46.